编委会

普通高等学校"十四五"规划旅游管理类精品教材
教育部旅游管理专业本科综合改革试点项目配套规划教材

总主编

马 勇　教育部高等学校旅游管理类专业教学指导委员会副主任
　　　　中国旅游协会教育分会副会长
　　　　中组部国家"万人计划"教学名师
　　　　湖北大学旅游发展研究院院长，教授、博士生导师

编 委（排名不分先后）

田 里　教育部高等学校旅游管理类专业教学指导委员会主任
　　　　云南大学工商管理与旅游管理学院原院长，教授、博士生导师
高 峻　教育部高等学校旅游管理类专业教学指导委员会副主任
　　　　上海师范大学环境与地理学院院长，教授、博士生导师
韩玉灵　北京第二外国语学院旅游管理学院教授
罗兹柏　中国旅游未来研究会副会长，重庆旅游发展研究中心主任，教授
郑耀星　中国旅游协会理事，福建师范大学旅游学院教授、博士生导师
董观志　暨南大学旅游规划设计研究院副院长，教授、博士生导师
薛兵旺　武汉商学院旅游与酒店管理学院院长，教授
姜 红　上海商学院酒店管理学院院长，教授
舒伯阳　中南财经政法大学工商管理学院教授、博士生导师
朱运海　湖北文理学院资源环境与旅游学院副院长
罗伊玲　昆明学院旅游学院副教授
杨振之　四川大学中国休闲与旅游研究中心主任，四川大学旅游学院教授、博士生导师
黄安民　华侨大学城市建设与经济发展研究院常务副院长，教授
张胜男　首都师范大学资源环境与旅游学院教授
魏 卫　华南理工大学旅游管理系教授、博士生导师
毕斗斗　华南理工大学旅游管理系副教授
蒋 昕　湖北经济学院旅游与酒店管理学院副院长，副教授
窦志萍　昆明学院旅游学院教授，《旅游研究》杂志主编
李 玺　澳门城市大学国际旅游与管理学院执行副院长，教授、博士生导师
王春雷　上海对外经贸大学会展与传播学院院长，教授
朱 伟　天津农学院人文学院副院长，副教授
邓爱民　中南财经政法大学旅游发展研究院院长，教授、博士生导师
程丛喜　武汉轻工大学旅游管理系主任，教授
周 雷　武汉轻工大学旅游研究中心主任，副教授
黄其新　江汉大学商学院副院长，副教授
何 彪　海南大学旅游学院副院长，教授

普通高等学校"十四五"规划旅游管理类精品教材
教育部旅游管理专业本科综合改革试点项目配套规划教材

- 湖北省高等学校省级教学研究项目（2022128）
- 中国地质大学（武汉）研究生精品教材项目（YJC03）
- 中国地质大学（武汉）教学改革研究重点项目（2022085）

旅游地理信息系统实践教程

主　编 ◎ 李会琴
副主编 ◎ 侯林春　杨树旺　李晓琴
参　编 ◎ 肖拥军　刘晶晶　黄　珂
　　　　　潘婧妍　惠余杰　候玉洁
　　　　　李　丹　徐　宁　董晓晴
　　　　　任红莉　张　婷

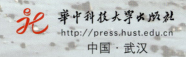

中国·武汉

内容提要

本书以 GIS 在旅游中的应用为主线，精心编写了十个实习模块，包括旅游区位图、旅游专题地图、区域统计地图等多种旅游地图的制作，同时加强了核密度、标准差椭圆分析等空间分析练习，注重三维数据的分析、三维可视化地图制作等。本书案例丰富、讲解清晰、数据完整，易于学生系统学习 GIS，帮助学生更好地应用 GIS 解决旅游实际问题。

本书适合作为高校旅游管理类以及地理科学类、经济管理类等专业研究生、本科生的教材和学习参考书，也可供有关科研和产业部门科技人员等参考。

图书在版编目(CIP)数据

旅游地理信息系统实践教程/李会琴主编. —武汉：华中科技大学出版社，2023.8
ISBN 978-7-5772-0026-2

Ⅰ.①旅… Ⅱ.①李… Ⅲ.①旅游地理学-地理信息系统-教材 Ⅳ.①F591.99-39

中国国家版本馆 CIP 数据核字(2023)第 166083 号

旅游地理信息系统实践教程 李会琴 主编
Lüyou Dili Xinxi Xitong Shijian Jiaocheng

项目策划：李　欢
策划编辑：王　乾
责任编辑：聂筱琴　王　乾
封面设计：原色设计
责任校对：王亚钦
责任监印：周治超
出版发行：华中科技大学出版社（中国•武汉）　电话：(027)81321913
　　　　　武汉市东湖新技术开发区华工科技园　邮编：430223
录　　排：华中科技大学惠友文印中心
印　　刷：武汉科源印刷设计有限公司
开　　本：787mm×1092mm　1/16
印　　张：12.25
字　　数：285 千字
版　　次：2023 年 8 月第 1 版第 1 次印刷
定　　价：59.80 元

本书若有印装质量问题，请向出版社营销中心调换
全国免费服务热线：400-6679-118　竭诚为您服务
版权所有　侵权必究

习近平总书记在党的二十大报告中深刻指出,要实施科教兴国战略,强化现代化建设人才支撑。要坚持教育优先发展、科技自立自强、人才引领驱动。开辟发展新领域新赛道,不断塑造发展新动能新优势。这为高等教育在中国式现代化进程中实现新的跨越指明了时代坐标和历史航向。

同时,我国的旅游业在疫情后全面复苏并再次迎来蓬勃发展高潮,客观上对现代化高质量旅游人才提出了更高的需求。因此,出版一套融入党的二十大精神、把握数字化时代新趋势的高水准教材成为我国旅游高等教育和人才培养的迫切需要。

基于此,在教育部高等学校旅游管理类专业教学指导委员会的大力支持和指导下,教育部直属的全国重点大学出版社——华中科技大学出版社,在党的二十大精神的指引下,主动创新出版理念和方式方法,汇聚一大批国内高水平旅游院校的国家教学名师、资深教授及中青年旅游学科带头人,在已成功组编出版的"普通高等院校旅游管理专业类'十三五'规划教材"基础之上,进行升级,编撰出版"普通高等学校'十四五'规划旅游管理类精品教材"。本套教材具有以下特点。

一、深刻融入党的二十大报告精神,落实立德树人根本任务

党的二十大报告中强调:"坚持和加强党的全面领导。"党的领导是我国高等教育最鲜明的特征,是新时代中国特色社会主义教育事业高质量发展的根本保证。因此,本套教材在编写过程中注重提高政治站位,全面贯彻党的教育方针,融入课程思政,融入中华优秀传统文化和现代化发展新成就,将正确政治方向和价值导向作为本套教材的顶层设计并贯彻到具体章节和教学资源中,不仅仅培养学生的专业素养,更注重引导学生坚定理想信念、厚植爱国情怀、加强品德修养,以期落实"立德树人"这一教育的根本任务。

二、基于新国标下精品教材沉淀改版,权威性与时新性兼具

在教育部2018年发布《普通高等学校本科专业类教学质量国家标准》后,华中科技大学出版社特邀教育部高等学校旅游管理类专业教学指导委员会副主任、国家"万人计划"教学名师马勇教授担任总主编,同时邀请了全国近百所高校的知名教授、博导、学科带头人和一线骨干教师,以及旅游行业专家、海外专业师资联合编撰了"普通高等院校旅游管理专业类'十三五'规划教材"。该套教材紧扣新国标要点,融合数字科技新技术,配套立体化教学资源,于新国标颁布后在全国率先出版,被全国数百所高等学校选用后获得良好反响。其中《旅游规划与开发》《酒店管理概论》《酒店督导管理》等教材已成为教育部授予的首批国家级一流本科课程的配套教材,《节事活动策划与管理》等教材获得省级教学类奖项。

此外,编委会积极研判"双万计划"对旅游管理类专业课程的建设要求,对标国家级一流本科课程,积极收集各院校的一线教学反馈,在此基础上对这套教材进行更新升级,最终形成"普通高等学校'十四五'规划旅游管理类精品教材"。

三、全面配套教学资源,打造立体化互动教材

华中科技大学出版社为本套教材建设了内容全面的线上教材课程资源服务平台:在横向资源配套上,提供全系列教学计划书、教学课件、习题库、案例库、参考答案、教学视频等配套教学资源;在纵向资源开发上,构建了覆盖课程开发、习题管理、学生评论、班级管理等集开发、使用、管理、评价于一体的教学生态链,打造了线上线下、课内课外的新形态立体化互动教材。

在旅游教育发展的新时代,主编出版一套高质量规划教材是一项重要的教学出版工程,更是一份重要的责任。本套教材在组织策划及编写出版过程中,得到了全国广大院校旅游管理类专家教授、企业精英,以及华中科技大学出版社的大力支持,在此一并致谢!衷心希望本套教材能够为旅游学界、业界和对旅游知识充满渴望的社会大众带来真正的精神和知识营养,为我国旅游教育教材建设贡献力量。也希望并诚挚邀请更多高等院校旅游管理专业的学者加入我们的编者和读者队伍,为我们共同的事业——我国高等旅游教育高质量发展——而奋斗!

总主编
2023 年 7 月

前言

随着大数据的发展和互联网的普及,信息化、数字化已经成为当今社会发展的显著特征,旅游业发展愈发需要信息技术的支撑。以地理信息系统(geographic information system,GIS)为代表的地理信息技术,为旅游出行和旅游研究提供了极大的便利,成为旅游信息化、智慧化的必要手段。加强地理信息科学与旅游科学的交叉融合,是旅游研究的现实需要。

GIS 在旅游研究中的应用十分广泛,包括旅游信息化、旅游规划与开发、旅游空间结构、旅游安全评价、灾害预警、旅游交通规划等,具有旅游空间信息检索、空间决策分析、旅游信息输出、应急处理等功能。在数智旅游的发展背景下,旅游管理类专业的学生需要掌握 GIS 相关知识和技能,尤其是旅游规划制图及旅游空间分析,这对提升学生综合素质具有重要意义。本书是《旅游地理信息系统》的配套实践教材,旨在培养学生综合运用 GIS 相关知识的能力。

本书以旅游地理信息系统(tourism geographic information system,TGIS)基础理论体系为框架,以旅游规划制图为主线,详细讲解 ArcGIS 软件的应用。包括旅游规划制图、旅游空间分析、遥感影像分析和三维地图模拟。本书共有十个实习模块,每个实习模块都配有相应实习数据、实习目的、实习成果及教学小视频。本书在《旅游地理信息系统实习指导书》的基础上,进一步丰富了旅游空间分析、三维分析的方法和案例。在每个实习模块后均添加了趣味练习,延伸课程教学内容,启发学生思考,增加学生的学习兴趣和乐趣。同时,在制图过程中突出了国家版图的思政教学内容,引导学生树立严谨、正确、科学的制图观和用图观。

全书共分为两个部分,第一部分主要介绍 ArcGIS 的结构、功能及基本情况,让学生了解相关实习平台和软件。第二部分的实习一至实习四主要介绍了旅游专题地图制作,包括了数据处理、矢量化、旅游专题地图制作与输出等;实习五至实习八主要介绍了旅游空间分析的几种常用方法,如核密度分析、标准差椭圆分析、山地度假酒店选址、旅游空间数据检索、数据统计等;实习九至实习十主要介绍了三维地图的制作,包括三维可视化地图及三维地表模型的建立等。全书旅游案例丰富、讲解清楚、针对性强,适合学生零基础入门及提升练习。

由于编者水平有限,书中难免存在错漏或不足之处,敬请各位读者不吝指正!

李会琴

2023 年 5 月 16 日于武汉

目录
Contents

第一部分　ArcGIS 简介　　　/001

一、产品构成与桌面 GIS　　　/001
二、ArcGIS Desktop 软件群　　　/002
三、ArcMap 基础操作　　　/003
四、ArcGIS 其他相关知识　　　/007

第二部分　ArcGIS 上机实习　　　/024

实习一　　制作旅游区位图　　　/024
实习二　　地理配准　　　/048
实习三　　地图矢量化　　　/058
实习四　　旅游专题地图的制作　　　/074
实习五　　区域统计地图制作　　　/090
实习六　　山地度假酒店选址　　　/107
实习七　　核密度分析　　　/138
实习八　　标准差椭圆与平均中心分析　　　/150
实习九　　制作校园三维可视化地图　　　/158
实习十　　建立三维地表模型　　　/171

第一部分 ArcGIS 简介

ArcGIS 是美国 ESRI 公司（Environmental Systems Research Institute,Inc.,简称 ESRI,美国环境系统研究所）研发的构建于工业标准之上的无缝扩展的 GIS 产品家族。它整合了数据库、软件工程、人工智能、网络技术、移动技术、云计算等主流的 IT 技术,旨在为用户提供一套完整的、开放的企业级 GIS 解决方案。无论是在桌面端、服务器端、浏览器端,还是在云端,ArcGIS 都有与之对应的产品组件,并且可由用户自由定制,以满足不同层次的应用需要。

一、产品构成与桌面 GIS

(一) 基本知识介绍

ArcGIS 是一个可伸缩的 GIS 平台,其产品家族涉及桌面、服务器、移动和在线应用等多个方面,具体产品构成如图 1-1 所示。

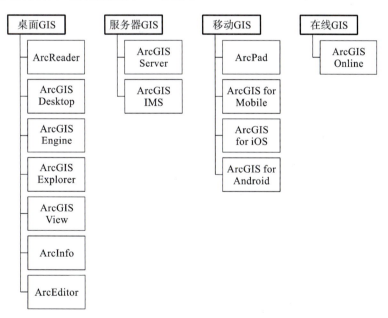

图 1-1 ArcGIS 产品构成

桌面 GIS 是用户在桌面系统上创建、编辑和分析地理信息的平台,包括

ArcReader、ArcGIS Desktop、ArcGIS Engine 和 ArcGIS Explorer 等。本书上机实习部分的内容主要使用 ArcGIS Desktop。

特别值得一提的是，ArcGIS Engine 是一个完整的嵌入式 GIS 组件库和工具包，开发者能用它创建一个新的或扩展原有的可定制的桌面应用程序，是 ArcGIS 系列软件进行二次开发的实用工具，实现了 ArcObjects 中的大部分类库，相对于 ArcObjects 来说，ArcGIS Engine 更加轻量，是开发者的福音。使用 ArcGIS Engine，开发者能将 GIS 功能嵌入已有的应用程序，如基于工业标准的产品以及一些商业应用，也可以创建自定义的应用程序，为组织机构中的众多用户提供 GIS 功能。ArcGIS Engine 由 Runtime（运行时环境）和 SDK（软件开发包）构成。

（二）软件安装及实习数据

可前往官方网站（http://desktop.arcgis.com/zh-cn/desktop）下载应用软件，并按照官网安装顺序安装软件，进行后续实习。可扫描二维码下载相关实习数据。

相关实习数据

二、ArcGIS Desktop 软件群

ArcGIS Desktop 是一个系列软件的总称，它包含了一套带有用户界面的 Windows 桌面应用程序：ArcMap、ArcCatalog、ArcGlobe 和 ArcScene。每一个应用程序都集成了 ArcToolbox（工具箱）和 Model Builder（建模）模块。

（一）ArcMap

ArcMap 是 ArcGIS 桌面系统的核心应用程序。用于显示、查询、编辑和分析地图数据，具有地图制图的所有功能。ArcMap 提供了数据视图（Data View）和版面视图（Layout View）两种浏览数据的方式，在此环境中可完成一系列高级 GIS 操作任务，其启动界面如图 1-2 所示。

图 1-2　ArcMap 界面

(二) ArcCatalog

ArcCatalog 是一个空间数据资源管理器。它以数据为核心,用于定位、浏览、搜索、组织和管理空间数据。利用 ArcCatalog 还可以创建和管理数据库,定制和应用元数据,从而大大简化用户组织、管理和维护数据工作。在 ArcGIS 10.0 及以上版本中,ArcCatalog 已集成在 ArcMap、ArcScene 和 ArcGlobe 中,也可以独立运行,如图 1-3 所示。

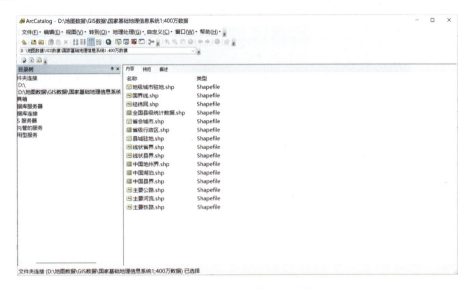

图 1-3　ArcCatalog 独立运行界面

(三) ArcGlobe

ArcGlobe 是 ArcGIS 桌面系统中 3D 分析扩展模块中的一部分,提供了全球地理信息连续、多分辨率和交互浏览功能,用于空间参考的数据被放置在 3D 地球表面上,并在其真实的大地位置处进行显示,如图 1-4 所示。

(四) ArcScene

ArcScene 是 ArcGIS 桌面系统中 3D 分析扩展模块的一部分,通过在 3D Analyst 工具条中点击按钮打开。它具有管理 3D GIS 数据、3D 分析、编辑 3D 要素、创建 3D 图层以及将 2D 数据转换成 3D 要素等功能,其启动界面如图 1-5 所示。

三、ArcMap 基础操作

(一) 地图文档的操作

在 ArcMap 中创建地图,并将地图作为一个文件保存在文件夹中,该文件是地图文档或".mxd"文档(文件的拓展名".mxd"自动追加到地图文档名称中)。".mxd"文件与 Photoshop 软件的".psd"文件类似。地图文档包括地图中地理信息的显示属性(如地

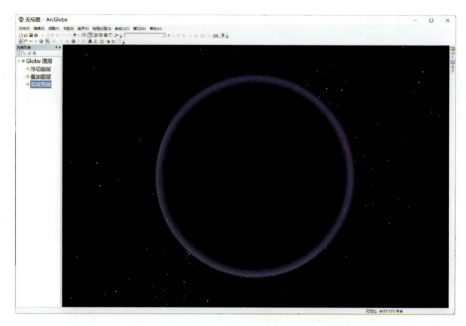

图 1-4　ArcGlobe 界面

图 1-5　ArcScene 界面

图图层的属性和定义、数据框以及用于打印的地图布局等)、所有可选的自定义设置(如对事态数据启用时间的设置等)和添加到地图中的宏,但不包括地图上显示的数据,仅存储对源数据的引用信息。

1. 启动 ArcMap

启动 ArcMap 的方式有以下两种。

(1) ArcGIS Desktop 软件安装完成后,双击 ArcMap 桌面快捷方式图标,启动 ArcMap 应用程序。

（2）单击 Windows 任务栏的【开始】→【所有程序】→【ArcGIS】→【ArcMap 10.2】，启动 ArcMap 应用程序。

2. 创建地图文档

可以通过以下几种方式创建地图文档。

（1）启动 ArcMap 时，自动打开【ArcMap-启动】对话框。在【ArcMap-启动】对话框中，单击【我的模板】，在右边区域中选择【空白地图】，单击【确定】按钮，完成空白地图文档的创建，如图 1-6 所示。

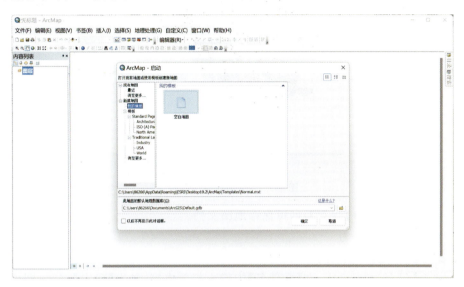

图 1-6　创建新的地图文档

（2）在 ArcMap 中，单击界面上的按钮 或者单击菜单栏上的【文件】→【新建】，打开【新建文档】对话框，可以创建一个新的地图文档或选择一个已有的模板，也可以通过快捷键"Ctrl＋N"创建或选择。

创建地图文档以后，打开 ArcMap 主窗口，如图 1-7 所示。在 ArcMap 中，内容列表、目录、搜索、工具箱窗口的位置都可以拖动，可以根据个人喜好放在方便工作的位置，也可以堆叠放置。

注意事项：

①模板是 ArcMap 中的一种地图文档，用于快速创建新地图，一般包含数据、自定义界面、地图元素（如指北针、比例尺等）。

②【ArcMap-启动】对话框底部的【此地图的默认地理数据库】为所选地图文档加载时的默认地理数据库。默认地理数据库即处理文档时主要使用的地理数据库。

3. 保存地图文档

如果对打开的 ArcMap 地图文档进行过一系列编辑操作，或创建了新的地图文档，就需要对当前编辑的地图文档进行保存。另外，如果已制作完一幅完整的地图，可将其导出。

（1）地图文档保存。

如果要将编辑的内容保存在原有的文件中，单击工具栏上的按钮 或在 ArcMap

图 1-7 ArcMap 操作界面

菜单栏中单击【文件】→【保存】,即可保存地图文档。

(2) 地图文档另存为。

如果需要将地图内容保存在新的文件夹中,在 ArcMap 菜单栏中单击【文件】→【另存为】,打开【另存为】对话框,在【文件名】中输入相关内容,单击【确定】按钮,即可将地图文档保存到一个新的文件夹中。

(3) 导出地图。

如果在布局视图下已经为地图添加了图例、图名、比例尺等地图辅助元素,生成了一幅完整的地图,可在 ArcMap 菜单栏中单击【文件】→【导出地图】,打开【导出地图】对话框,将当前地图按多种图片格式输出。

(二) ArcMap 窗口组成

ArcMap 窗口主要由菜单栏、工具栏、内容列表、目录、搜索、显示窗口、状态栏等部分组成。其中,目录和搜索为 ArcMap 10 中新增加的内容,与 ArcCatalog 中的目录树和搜索窗口功能相同。

菜单栏包括【文件】、【编辑】、【视图】、【书签】、【插入】、【选择】、【地理处理】、【自定义】、【窗口】、【帮助】10 个子菜单。其主要菜单如图 1-8 所示。

注意事项:

①ArcGIS 提供了数据视图和布局视图两种视图方式。数据视图是对地理数据进行浏览、显示和查询的通用视图,此视图隐藏了部分地图元素,如标题、指北针和比例尺等。布局视图用于显示虚拟页面的视图,在该页面上放置和布局了地理数据和地图元素,如标题、图例和比例尺,以便地图制图和输出。

②自定义菜单下拉框中的扩展模块:当需要使用三维分析、网络分析、地理统计分析、跟踪分析、空间分析等扩展模块的分析工具时,需要勾选相应的扩展模块。单击【自定义】

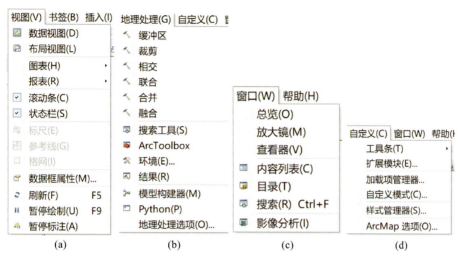

图 1-8　ArcMap 的主要菜单

→【扩展模块】,打开【扩展模块】对话框,选中 3D Analyst 复选框,即可使用三维分析功能。

③自定义菜单下拉框中的自定义模式:单击【自定义】→【工具条】,在【工具条】列表框中可以勾选需要用到的工具。

四、ArcGIS 其他相关知识

(一) 数据格式的类型和转换

ArcGIS 默认的数据格式主要包括 Shapefile(矢量要素图层文件)、Coverage(图层文件)、Geodatabase(地理数据库)、". e00"(ARSCII 代码格式)以及". mxd"(工程文件)五种。

1. Shapefile

Shapefile 文件为非拓扑矢量数据,是 ESRI 研发的工业标准的矢量数据文件,一个完整的 Shapefile 文件至少包括三个文件:主文件(. shp)、索引文件(. shx)、dBase 表文件(. dbf)。以". shp"为扩展名的文件存储要素几何学特征,以". shx"为扩展名的文件保留要素几何学特征的空间索引。一个 Shapefile 文件只能包含一类要素(点、线或者面),同一个 Shapefile 文件必须有相同的前缀且必须放在同一目录中。如主文件"countries. shp"、索引文件"countries. shx"、dBase 表文件"countries. dbf"的存放目录分别为"D:\实习\countries. shp""D:\实习\countries. shx""D:\实习\countries. dbf"。

注意事项:
Shapefile 的创建和编辑建议在 ArcCatalog 中进行。

非拓扑数据结构的 Shapefile 有两个主要优点。第一,非拓扑矢量数据能比拓扑数据更快速地在计算机屏幕上显示出来。对于仅仅是使用而不是生产 GIS 数据的用户而言,该优点十分重要。第二,非拓扑数据具有非专有性和互操作性,这意味着非拓扑数据可以在不同软件包之间通用(如 MapInfo 可以使用 Shapefile,ArcGIS 可以使用 MapInfo 的交换格式文件)。

2. Coverage[①]

Coverage 是一种拓扑数据结构，结构复杂，属性缺省存储在 Info 表中。目前，ArcGIS 中仍然有一些分析操作只能基于这种数据格式进行操作。一个 Coverage 文件则可包含多种类型的文件，如一个 Coverage 文件可同时包含点、线、面三种不同类型的要素文件。较少用户使用 Coverage 数据，然而对于项目来说又是必需的。比如，GIS 数据生产者会发现在查找错误、确保线汇合以及多边形的正确闭合方面，使用拓扑数据是绝对必要的。同样，GIS 在交通和网络设施分析过程中，也需要用到拓扑数据进行分析。

拓扑数据的优点：其一是能确保数据质量和完整性。拓扑数据可以发现未正确闭合的线，如果在假定连续的道路上存在一个缝隙，最短路径分析时会选择迂回路径而避开缝隙。同时，拓扑数据可以保证有共同边界的县域和人口普查区没有缝隙和重叠。其二是拓扑关系可强化 GIS 分析。Coverage 支持 3 种基本拓扑关系：①连接性，弧段间通过节点彼此连接。②面定义，由一系列相连的弧段定义面。③邻接性，弧段具有方向性，且有左多边形和右多边形。

3. Geodatabase

Geodatabase 是基于对象的数据模型。一个对象可以表示为空间要素，如公路、河流，也可以表示为一个公路图层的坐标系。实际上，几乎所有的 GIS 都可以作为对象表示。地理数据库有两类：一类是 Personal Geodatabase，用来存储小数据量数据，存储在 Access 的".mdb"格式中；一类是 ArcSDE Geodatabase，存储大型数据（矢量数据、栅格数据、TIN 等），且将数据存储在大型数据库（Oracle、SQL Server、DB2 等）中。可以实现并发操作，不过需要单独的用户许可。

4. ".e00"

后缀为".e00"的文件是 GIS 的一种通用交换格式文件。通过这种中间文件，可以将地理信息数据在不同的软件体系中转换，如从 ArcGIS 转换到 MapGIS。

5. ".mxd"

ArcGIS 的地图文档文件（工程文件）".mxd"，用于保存图层显示、图例、地图信息等方面的用户操作记录，类似 Photoshop 的".psd"文件、CAD 的".dwg"文件。

注意事项：

ArcGIS 自身数据格式之间，点、线、面之间，MapGIS 和 ArcGIS 数据格式之间都可以进行转化，可按照如下步骤对上述文件格式进行转化。

（1）".shp"格式与文件和个人地理数据库之间的转换。

①单击右键导出数据，选择".shp"格式或对应的数据库直接转换。

②单击【工具箱】→【转换工具】，批量转为 Shapefile 或者批量转出至地理数据库。

（2）".shp"格式与".e00"格式转换。

单击【工具箱】→【转换工具】→【转为 Coverage】→【由 e00 导入】，然后 Coverage 转为".shp"格式。

---

① 表示该种数据格式为数据类型转换的存储格式，可将数据转化为能在其他软件中打开的文件，Geodatabase、".e00"也属于数据类型转换的存储格式。

(二）图层的基本操作

ArcGIS 中的地图由一系列以特定顺序绘制的地图图层组成。地图图层定义了 GIS 的数据集如何在地图视图中进行符号化和标注，每个地图图层都可以用于显示以及处理特定的 GIS 数据集。图层会引用存储在地理数据库、Coverage、Shapefile、影像文件、栅格文件和 CAD 文件等数据源中的数据，而不是真正地存储地理数据。

1. 更改图层名称

在默认情况下，添加到地图文档中的图层以其数据源的名称命名，也可以根据需要更改图层的名称。在需要更改图层名称的图层上单击左键，选中图层，再次单击左键，图层名称进入可编辑状态，此时输入新名称即可。也可以双击图层打开【图层属性】对话框，在【常规】选项卡下【名称】文本框中设置图层的名称。

2. 更改图层的显示顺序

图层在内容列表中的排列顺序决定了图层在地图中的绘制顺序：内容列表中排列位置靠上的图层在绘制时位置也会靠上，最下面的图层最先绘制。一般来说，图层的排列顺序遵循以下原则：

①按照点、线、面要素类型，依次由上至下排列；
②按照要素重要程度的高低，依次由上至下排列；
③按照要素线的粗细，依次由上至下排列；
④按照要素色彩的浓淡程度，依次由上至下排列。

如果需要调整图层顺序，在内容列表单击选中图层名称，按住鼠标向上或向下拖动到新位置后释放左键即可完成相应调整。

3. 图层的复制与删除

在地图文档中，同一个数据文件可以被一个数据框的多个图层引用，也可以被多个数据框引用。在同一个数据框中复制图层可以通过右键菜单中的【复制】和【粘贴】命令完成操作，在不同数据框中复制图层除了使用【复制】和【粘贴】命令外，也可以直接通过从一个数据框拖动图层到另一个数据框中来完成。

删除图层只需在图层上单击右键，在弹出菜单中单击【移除】。若按住 Shift 键或者 Ctrl 键则可以选择多个图层进行操作。

4. 图层的坐标系定义

ArcMap 中的图层大多是具有地理坐标系的空间数据，在创建新的地图文档并加载图层时，第一个被加载的图层的坐标系被作为该数据框的默认坐标系，随后被加载的图层，无论其原有的坐标系如何，只要满足坐标转换的要求，都将被自动转换为该数据框的坐标系，但不会影响图层所对应的数据本身的坐标系。

若不知道所加载图层的坐标系，可以通过【数据框属性】对话框或者【图层属性】对话框进行查阅，在【坐标系】选项卡下可以修改当前坐标系的参数、导入其他数据源的坐标系、新建坐标系等。

5. 创建图层组

当需要把多个图层当作一个图层来处理时，可将多个相同类别的图层组成一个图层组。例如，有两个图层分别代表铁路和公路，则可将两个图层合并为一个新的交通网络图层。一个组合图层在地图文档中的性质类似于一个独立的图层，对图层组的操作与单个图层类似。

具体操作步骤如下：

（1）启动 ArcMap，打开地图文档"交通.mxd"。

（2）按住 Ctrl 键的同时选中图层"主要公路"和"主要铁路"，单击右键，然后单击【组】，即可创建一个包含两个图层的图层组。如果想取消图层组，可右击图层组，然后单击【取消分组】即可实现。

（3）在内容列表中单击选中图层组，再次单击左键，将其命名为"交通网络"。

（4）双击图层组"交通网络"，打开【图层组属性】对话框，单击【组合】标签，切换到【组合】选项卡，可以通过箭头对图层组中包含的图层进行排序、移除等操作；切换到【常规】选项卡，可设置图层组的名称、可见比例范围；切换到【显示】选项卡，可以设置图层组的透明度、对比度等。

6. 导出数据

可将 ArcMap 中的图层导出为 Shapefile 文件、文件和个人地理数据库要素类以及 SDE 要素类。以导出 Shapefile 文件格式的数据为例，具体操作步骤如下：

（1）启动 ArcMap，打开地图文档"交通.mxd"。

（2）在内容列表中右击图层"主要公路"，单击【数据】→【导出数据】，打开【导出数据】对话框，如图 1-9 所示。

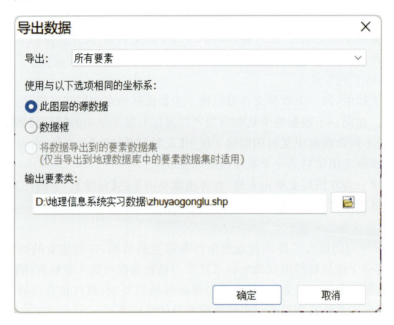

图 1-9　导出数据

（3）单击【导出】下拉框，选择"所有要素"。在【使用与以下选项相同的坐标系】下单击选中【此图层的源数据】按钮。如果单击选中【数据框】按钮，则导出数据的坐标系与数据框的相同。

（4）单击 ，浏览要将数据保存的位置，在【名称】文本框中修改名称，单击【保存类型】下拉框，选择"Shapefile"。

（5）单击【保存】按钮，返回到【导出数据】对话框，然后单击【确定】按钮，即可导出数据。

（三）选择要素

要素的选择是进行空间分析的重要前提，可通过与图层交互的方式选择要素，也可以通过属性、位置和图形来选择要素。

1. 通过交互的方式选择要素

在地图上主要有两种交互选择要素的方法：方法一是点击工具栏上的 进行选择，方法二是在【表】窗口中选择。具体操作步骤如下：

（1）设置可选图层。

在内容列表的【按选择列出】中可以设置和管理图层。其具体步骤包括：

①启动 ArcMap，打开地图文档"省面.mxd"。

②在内容列表中单击按钮 ，列表中 为【单击切换是否可选】按钮，可以使该图层在选择与不选之间切换。如要使该图层唯一可选，可右击图层，然后单击【将此图层设为唯一可选图层】。

（2）选择要素。

方法一：通过点击【工具】选择。单击 ，包括【按矩形选择】、【按多边形选择】、【按套索选择】、【按圆选择】、【按线选择】五种方式。单击任何一种方式，在【地图显示】窗口中的地图上拖动鼠标绘制，被选中的要素会以高亮方式显示。

方法二：通过【表】窗口选择。在内容列表中右击"省（等积投影）"图层，单击【打开属性表】，打开【表】窗口，选中要素，所选要素在属性表中的记录也会以高亮方式显示。单击【表】底部的 按钮，可显示所有选择的记录。

2. 通过属性选择要素

通过属性选择要素是指构建 SQL 语句对要素进行选择。这里以选出湖北的行政区划为例进行说明，具体操作步骤如下（见图 1-10）。

（1）打开地图文档"省面.mxd"。

（2）在 ArcMap 菜单栏中单击【选择】→【按属性选择】，打开【按属性选择】对话框。

（3）单击【图层】下拉框，选择"省（等积投影）"，在【方法】下拉框中选择"创建新选择内容"。

（4）在【方法】下拉框下面的列表框中双击""省""；单击【获取唯一值】按钮，则其上面的列表框中将填充该字段的所有值；单击"="按钮；在刚填充的列表框中双击"'湖北省'"，则在【SELECT】文本框中自动填入""省"='湖北省'"。也可以直接在该文本框中输入相关内容。

（5）单击【验证】按钮，可验证表达式是否存在语法错误。

（6）单击【确定】按钮，湖北的行政区划要素会被选择出来。

3. 通过位置选择要素

通过位置选择要素是根据要素相对于同一图层要素或另一图层要素的位置来进行

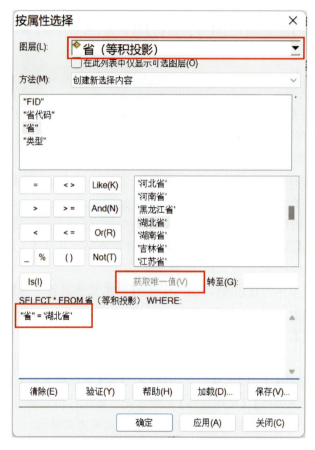

图 1-10 按属性选择

的选择。这里以查询长江经过的省份为例进行说明,具体步骤如下所示:

(1) 打开地图文档"省面.mxd"。

(2) 在 ArcMap 菜单栏中单击【选择】→【按位置选择】,打开【按位置选择】对话框。

(3) 单击【选择方法】下拉框,选择"从以下图层中选择要素";在【目标图层】列表框中选择"省(等积投影)";单击【源图层】下拉框,选择"黄河";单击【空间选择方法】下拉框,选择"目标图层要素与源图层要素相交"。

(4) 单击【确定】按钮,黄河经过的省份要素会被选中且以高亮方式显示。

4. 通过图形选择要素

通过【绘图】工具条绘制图形,并可利用该图形选择要素。【绘图】工具条可以在 ArcMap 菜单栏中通过单击【自定义】→【工具条】→【绘图】打开,绘图工具条界面如图 1-11 所示。

图 1-11 绘图工具条

(四) 测量距离与面积

在 ArcGIS 中,可以通过测量工具对地图中的线和面进行测量。可使用此工具在地图上绘制一条线或者一个面,然后获取线的长度与面的面积,也可以直接单击要素获悉测量信息。在工具条中单击测量按钮,打开【测量】对话框,即可测量。

(五) 坐标系与投影变换

1. 地理坐标系

地理坐标系是一个二维或三维的参照系,用于定位坐标点,通过地理坐标系可以确定要素在地球上的位置。最常见的地理坐标系是经纬网。

2. 投影坐标系

地理坐标系的单位为度,仅表示地理实体在地球上的位置。而地图是一个平面,实际工作中经常需要对长度和面积进行量算,所以需要将坐标系由曲面转换为平面,并将坐标值单位转换为米等长度单位,这样的转换方法称为地图投影。投影后平面的、以米为单位的坐标系称为投影坐标系。

3. 投影变换操作

1) 投影变换预处理

当数据的空间参考系(如坐标系、投影方式等)与用户的需求不一致时,就需要对数据进行投影变换。同样,在采集本身就有投影信息的数据时,为了保证数据的完整性和易交换性,要定义投影。

(1) 定义投影。

坐标系的信息通常从数据源获得。如果数据源具有已定义的坐标系,ArcMap 可将其动态投影到不同的坐标系中;反之,则无法对其进行动态投影。因此,在对未知坐标系的数据进行投影时,需要先使用定义投影工具为其添加正确的坐标信息。此外,如果某一数据集的坐标系不正确,也可以使用该工具进行校正。定义投影的操作步骤如下:

①启动【ArcToolbox】工具集,双击【数据管理工具】→【投影和变换】→【定义投影】,打开【定义投影】对话框,如图 1-12 所示。

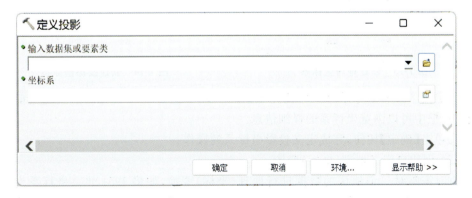

图 1-12　定义投影

②在【定义投影】对话框中，输入【输入数据集或要素集】数据。

③单击【坐标系】文本框右边的 按钮，打开【空间参考属性】对话框，【XY 坐标系】的【当前坐标系】显示为"＜未知＞"，表明原数据没有定义坐标系。

④定义投影的方法有如下三种：

方法一：在【空间参考属性】对话框中直接选择坐标系，其中坐标系分为两类：地理坐标系和投影坐标系。地理坐标系使用地球表面的经度和纬度表示；投影坐标系利用数学换算将三维地球表面的经度和纬度坐标转换到二维平面上。

方法二：当已知原数据与某一数据的投影相同时，可单击【空间参考属性】对话框中的 按钮，在下拉菜单中选择【导入】，浏览具有该坐标系的数据，用该数据的投影信息来定义原始数据。

方法三：单击【空间参考属性】对话框中的 按钮，在下拉菜单中选择【新建】，即可新建地理坐标系或投影坐标系。图 1-13 为【新建地理坐标系】对话框，定义地理坐标系包括定义或选择基准面、角度单位和本初子午线等。图 1-14 为【新建投影坐标系】对话框，定义时需要选择投影类型、设置投影参数及线性单位等。因为投影坐标系是以地理坐标系为基础的，所以在定义投影坐标系时还需要选择或新建一个地理坐标系。

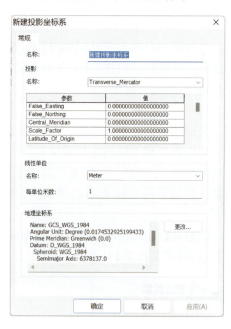

图 1-13 新建地理坐标系　　　　图 1-14 新建投影坐标系

⑤定义了投影坐标系后，单击【完成】按钮，即可返回上一级对话框，在【当前坐标系】文本框中可以浏览坐标系的详细信息。

⑥单击【确定】按钮，完成定义投影坐标系的操作。

（2）创建自定义地理（坐标）变换。

有时需要对一个地区的数据进行地理（坐标）变换，如将 1954 北京坐标系变换为 WGS84 坐标系，但系统提供的地理变换方法不能满足实际需要，可根据自身需求自定义地理（坐标）变换，用于在两个地理坐标系或基准面之间进行数据变换。操作步骤如下：

①在【ArcToolbox】工具集中双击【数据管理工具】→【投影和变换】→【创建自定义地理(坐标)变换】，打开对话框，如图 1-15 所示。

图 1-15 创建自定义地理(坐标)变换

②在【创建自定义地理(坐标)变换】对话框中，在【地理(坐标)变换名称】【输入地理坐标系】以及【输出地理坐标系】中输入相应数据。

③在【方法】下拉菜单中选择输入地理坐标系和输出地理坐标系之间进行数据变换的方法。还可以在【参数】区域中将变换参数作为自定义地理(坐标)变换字符串的一部分进行设置和编辑。

④单击【确定】按钮，完成操作。

(3) 转换坐标记法。

转换坐标记法将包含点坐标字段的表转换为点要素类，输入表的坐标字段可以有多种方法。其操作步骤如下：

①在【ArcToolbox】工具集中双击【数据管理工具】→【投影和变换】→【转换坐标记法】，打开对话框，如图 1-16 所示。

②在【转换坐标记法】对话框中，输入【输入表】数据，指定【输出要素类】的保存路径及名称。

③分别在【X 字段(经度)】、【Y 字段(纬度)】的下拉框中选择输入表中的 X 字段名称和输入表中的 Y 字段名称。

④分别在【输入坐标格式】、【输出坐标格式】的下拉框中选择输入数据的坐标格式、输出数据的坐标格式。默认格式为 DD(十进制度)。

⑤【ID】是可选项，用于输出要素连接回输入表。

⑥【空间参考】是可选项，用于选择输入坐标的空间参考，默认为 GCS_WGS_1984。

⑦单击【确定】按钮，完成操作。

2) 投影变换

投影变换是指将一种地图投影变换为另一种地图投影，主要包括投影类型、投影参

图 1-16　转换坐标记法

数和椭球体参数等的改变。在【ArcToolbox】工具集的【数据管理工具】下的【投影和变换】工具集中有矢量和栅格要素两种类型的数据变换。

（1）矢量数据的投影变换。

采用不同坐标系的数据，需要对其进行投影变换，以便该数据与其他地理数据集成。矢量数据的投影变换通过投影工具来实现。该工具不仅能实现矢量数据在大地坐标系和投影坐标系之间的相互变换，还可以实现两种坐标系自身之间的变换。需要注意的是，对于包含未定义或未知坐标系的矢量数据，在使用该工具之前必须先使用【定义投影】工具为其定义坐标系。

矢量数据投影变换的操作步骤如下：

①在【ArcToolbox】工具集中双击【数据管理工具】→【投影和变换】→【要素】→【投影】，打开【投影】对话框，如图 1-17 所示。

②在【投影】对话框中，在【输入数据集或要素类】一栏下输入数据，在【输出数据集或要素类】中指定保存路径和名称，并在【输出坐标系】文本框中输入输出数据的坐标系。

③【地理(坐标)变换】是可选项，用于实现两个地理坐标系或基准面之间的变换。当输入和输出坐标系的基准面相同时，地理(坐标)变换为可选参数。如果输入和输出坐标系的基准面不同，则必须指定地理(坐标)变换。

④单击【确定】按钮，完成操作。

【批量投影】工具支持多个矢量数据的批量变换。【批量投影】工具的用法和【投影】工具大体一致，不做赘述。需要注意的是，在使用该工具的过程中，虽然输出坐标系和模板数据集都是可选参数，但必须输入其中一个。如果这两个参数均为空，则会导致工

图 1-17　矢量数据投影变换

具执行失败。

（2）栅格数据的投影变换。

栅格数据的投影变换是指将栅格数据集从一种地图投影变换为另一种地图投影。利用【投影栅格】工具可实现。其操作步骤如下：

①在【ArcToolbox】工具集中双击【数据管理工具】→【投影和变换】→【栅格】→【投影栅格】，打开【投影栅格】对话框，如图 1-18 所示。

②在【投影栅格】对话框中，在【输入栅格】一栏下输入数据，在【输出栅格数据集】中指定保存路径和名称，在【输出坐标系】文本框中输入输出数据的坐标系。

③【地理(坐标)变换】用于实现两个地理坐标系或基准面之间的变换。

④【重采样技术】有四种选择，见表 1-1。

表 1-1　重采样技术

名称	特点
Nearest(最邻近分配法)	是四种插值法中速度最快的插值方法。主要用于分类数据（如土地利用分类等），因为它不会更改像元值
Bilinear(双线性插值法)	可根据像元的加权平均距离确定像元的新值
Cubic(三次卷积插值法)	通过拟合穿过周围点的平滑曲线确定新的像元值。适用于连续数据（如高程表面等），但可能导致输出栅格中包含输入栅格范围以外的值
Majority(多数重采样法)	适用于分类数据，不能用于连续数据

⑤【输出像元大小】指定输入、输出栅格的单元大小，默认为所选栅格数据集的像元

图 1-18　栅格数据投影变换

大小。

⑥【配准点】用于确定对齐像素时使用的 X、Y 坐标，可指定原点以便对输出像元进行定位。

⑦单击【确定】按钮，完成操作。

(3) 栅格数据变换。

栅格数据变换是指对栅格数据进行平移、扭曲、旋转和翻转等位置、形状和方位的改变等操作。

①平移是指根据 X 和 Y 平移值将栅格数据移动(滑动)到新的位置。

②扭曲是指将栅格数据通过输入的控制点进行多项式变换。

③旋转是指将栅格数据按指定的角度，围绕指定枢纽点转动。

④翻转是指将栅格数据沿穿过区域中心的水平轴从上往下翻转，它在校正倒置的栅格数据集时非常有用。

⑤重设比例是指将栅格数据按照指定的 XY 比例因子来调整栅格的大小。如果比例因子大于1，则图像将被调整为较大尺寸；反之，则调整为较小尺寸。

⑥镜像是指将栅格数据沿穿过栅格中心的垂直轴从右向左翻转。

(六) 数据提取

在实际应用中,所需的数据经常是所提供数据的一部分,因此,往往需要从提供的数据中提取部分数据以满足特定要求。数据提取就是在给定的要素类中,依据空间或属性条件,通过数据裁剪、分割、筛选等操作,提取所需要的内容。

1. 裁剪

数据裁剪是将输入要素与裁剪要素重叠的部分提取出来,并形成一个新的数据文件的过程。点、线、面要素均可以被裁剪。

要素裁剪的步骤如下:

(1) 在【ArcToolbox】工具集中依次点击【分析工具】→【提取分析】→【裁剪】,双击打开【裁剪】对话框,如图 1-19 所示。

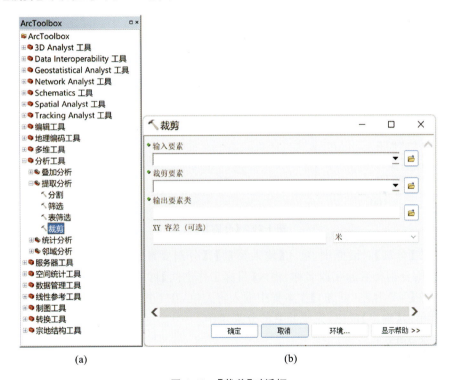

图 1-19 【裁剪】对话框

(2) 在【裁剪】对话框中,分别在【输入要素】、【裁剪要素】中输入数据,在【输出要素类】中指定保存路径和名称。

(3) 在【XY 容差(可选)】文本框中输入容差值,单击右边的下拉框,选择容差值的单位。容差是指所有要素坐标之间的最小距离以及坐标可以沿 X 或 Y 方向移动的距离,小于该容差的坐标将会合并到一起。在坐标精度一定的情况下,如果此值设置越大,则数据的坐标精度会降低;反之则数据的坐标精度会升高。

(4) 单击【确定】按钮,完成要素裁剪操作。

2. 分割

数据分割是按照分割区域将输入要素类分割成多个输出要素类。要素分割的步骤如下：

（1）在【ArcToolbox】工具集中依次点击【分析工具】→【提取分析】→【分割】，双击打开【分割】对话框，如图 1-20 所示。

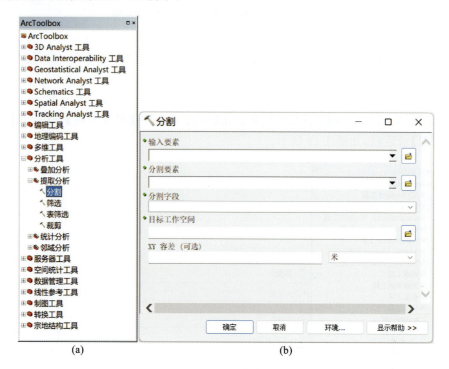

图 1-20 【分割】对话框

（2）在【分割】对话框中，输入【输入要素】、【分割要素】数据，在【分割字段】下拉框选择对应的分割要素的字段名称，输入【目标工作空间】对应的工作空间。

（3）在【XY 容差(可选)】文本框中输入容差值，在下拉框中选择容差值的单位。

（4）单击【确定】按钮，完成要素的分割操作。

注意事项：

①分割要素必须是面。

②拆分字段数据类型必须是文本型。

③每个输出要素类的要素属性所包含的字段必须与输入要素类的要素属性中的字段相同。

3. 相交

相交分析是计算输入要素的几何交集的过程。点、线、面要素都可以进行相交操作，因此，相交的情形可以分为七类：多边形与多边形相交；线与多边形相交；点与多边形相交；线与线相交；线与点相交；点与点相交；点、线、面三者相交。操作步骤如下：

（1）在【ArcToolbox】工具集中依次点击【分析工具】→【叠加分析】→【相交】，双击打开【相交】对话框，如图 1-21 所示。

（2）在【相交】对话框中，输入【输入要素】数据。

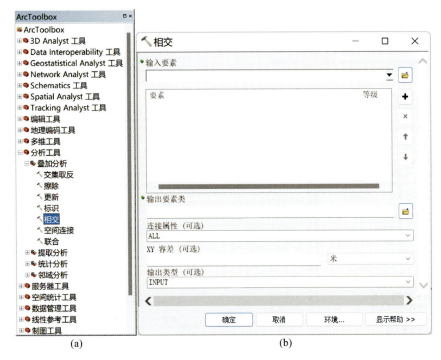

图 1-21 【相交】对话框

（3）指定【输出要素类】的保存路径和名称。

（4）【连接属性（可选）】下拉框中有三个选项：ALL、NO_FID 和 ONLY_FID。

①ALL 指输入要素的所有属性都将传递到输出要素类中。默认情况下为此。

②NO_FID 指除 FID 外，输入要素的其余属性都将传递到输出要素类中。

③ONLY_FID 指只有输入要素的 FID 字段将传递到输出要素类中。

（5）【XY 容差（可选）】为可选项。在其文本框中输入容差值，并设置容差值的单位。

（6）【输出类型（可选）】下拉框中有三个选项：INPUT、LINE 和 POINT。

①INPUT 指将【输出类型】保留为默认值，可生成重叠区域。

②LINE 指将【输出类型】指定为"线"，生成结果为线。

③POINT 指将【输出类型】指定为"点"，生成结果为点。

（7）单击【确定】按钮，完成相交分析。

4. 联合

联合分析是计算输入要素的并集，所有输入要素都将写入输出要素类。在联合分析的过程中，输入要素必须为多边形。操作步骤如下：

（1）在【ArcToolbox】工具集中依次点击【分析工具】→【叠加分析】→【联合】，双击打开【联合】对话框，如图 1-22 所示。

（2）在【联合】对话框中，输入【输入要素】数据。

（3）指定【输出要素类】的保存路径和名称。

（4）选择【连接属性（可选）】，并设置【XY 容差（可选）】。

（5）在联合分析过程中，两个区域进行联合，在输出要素层中可能会出现被其他要

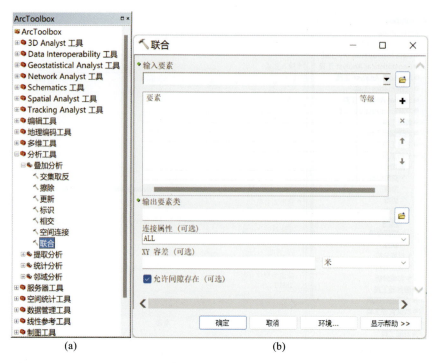

图 1-22 【联合】对话框

素类包围的空白区域,称为间距或岛状区域。勾选【允许间隙存在(可选)】,岛状区域将不被填充,反之,会被填充。

(6) 单击【确定】按钮,完成联合分析操作。

(七) 自定义标记符号

1. 创建点符号

标记符号用于绘制点要素和点图形,可与其他符号配合使用,以整饰线符号或创建填充模式和文本背景。创建标记符号的操作步骤如下:

(1) 在 ArcMap 窗口,单击【自定义】→【样式管理器】,打开【样式管理器】对话框。

(2) 单击"Administrator.style"(Administrator.style 是系统自动生成的空样式集,名称因机器而异)下的"标记符号"文件夹,如图 1-23 所示。

(3) 在【样式管理器】的右边区域,右击空白处选择【新建】→【标记符号】,打开【符号属性编辑器】对话框,如图 1-24 所示。

(4) 单击【类型】下拉框,选择"简单标记符号"。切换到【简单标记】选项卡,可设置【颜色】为"白色",【样式】为"圆形",【大小】为"6磅"。

(5) 在左侧【图层】区域单击【添加图层】按钮,添加一个"简单标记"图层,也可以添加其他标记符号类型的图层,如设置【颜色】为"黑色",【样式】为"圆形",【大小】为"8磅",预览中可以预览符号的形状。

(6) 单击【确定】按钮,完成符号自定义。

标记符号类型主要有四种:"简单标记符号"由一组具有可选轮廓和颜色的标记符号组成;"字符标记符号"是通过系统字体文件夹的显示字体创建而成的标记符号;"图

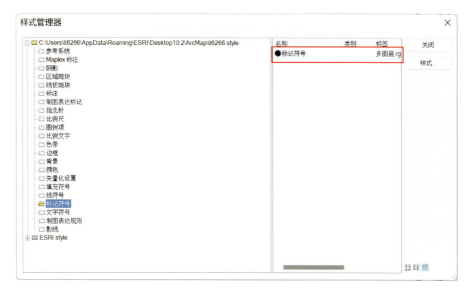

图 1-23　新建标记符号

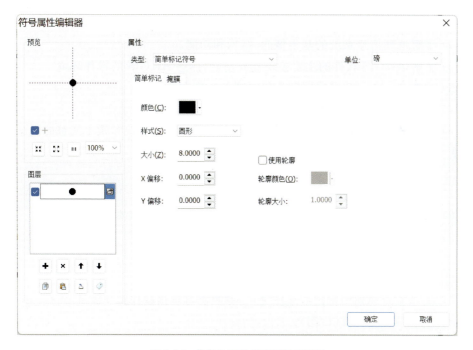

图 1-24　【符号属性编辑器】对话框

片标记符号"是由 Windows 位图(.bmp)或 Windows 增强型图元文件(.emf)图形创建的标记符号;"箭头标记符号"是具有可调尺寸和图形属性的简单三角形符号。另外,还有"3D"简单标记符号、"3D"标记符号、"3D"字符标记符号。

2. 创建线符号

创建线符号的方法与创建标记符号的方法类似,不做赘述。

第二部分
ArcGIS 上机实习

实习一　制作旅游区位图

（一）实习目的

（1）了解地理信息系统的基本概念、结构和功能。
（2）了解 ArcGIS 软件的主要模块及其功能，熟悉 ArcGIS 的操作环境。
（3）掌握 ArcMap 数据视图和布局视图的切换方法。
（4）掌握布局制图的基本内容和方法。
（5）科学制作地图，正确使用地图，牢固树立维护国家主权和领土完整的观念。

（二）实习要求

（1）数据准备：中国投影数据。
（2）在 ArcGIS 中学会加载数据、编辑数据、提取数据等基本操作。
（3）掌握区位图制作的基本方法。

（三）实习成果

区位图是旅游规划中常用的地图之一，参照实习步骤制作输出湖北省区位图（也可以选做其他省份、地区的区位图）。

（四）实习步骤

1. 新建地图文档

打开 ArcMap 软件，在【ArcMap-启动】页面单击【新建地图】，在【此地图的默认地理数据库】中选择存储位置，在制图工作中会产生大量图层文件，这些文件都会保存在这个目录中，以方便查找、调用和转移，如图 2-1、图 2-2 所示。

2. 加载数据

单击工具条中的 ✦▼ 按钮，在【添加数据】文本框中选择需要添加的数据，即单击

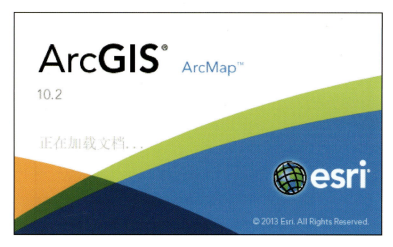

图 2-1　启动 ArcMap

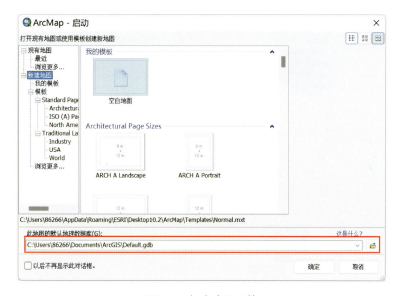

图 2-2　新建地图文档

按钮，打开【连接到文件夹】对话框，点击存放数据的文件夹，单击【确定】，按住 Ctrl 键或者 Shift 键进行批量选择，将"实习一"文件夹中的"省会城市.shp""省（等积投影）.shp""国界线.shp"和"省界.shp"加载至内容列表中，如图 2-3 至图 2-4 所示。

3. 图层编辑

（1）标注要素。

在内容列表中单击"省会城市"，右击弹出菜单栏，找到并点击【标注要素】，省会的名称将会显示在地图上，如图 2-5 所示。

（2）更改标注选项。

在内容列表（在【窗口】中打开）中单击"省会城市"，右击弹出菜单栏，找到【属性】并单击，打开【图层属性】对话框，找到【标注】选项卡，对【文本字符串】和【文本符号】进行更改，可以改变地图中省会城市名称的字体、大小、颜色等，如图 2-6、图 2-7 所示。

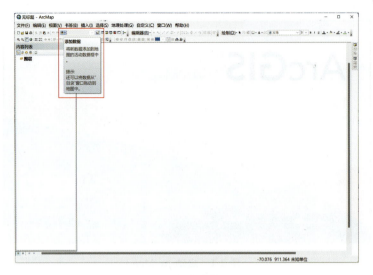

图 2-3 加载数据（1）

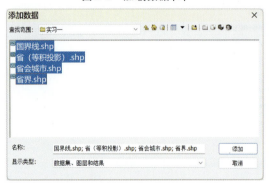

图 2-4 加载数据（2）

图 2-5 标注要素

图 2-6　图层属性

图 2-7　更改标注选项

（3）更改符号样式。

单击"省会城市"下面的标记，打开【符号选择器】，选择合适的图形标记，并对标记的填充颜色、大小等属性进行修改，如图 2-8 所示。打开【样式引用】对话框并将其中的选项全部勾选，会出现更多不同的样式方便选择，如图 2-9 所示。

同样，按照以上步骤，可以依次对"国界线""省界""省（等积投影）"下面的标记进行更改，如图 2-10 至图 2-12 所示。

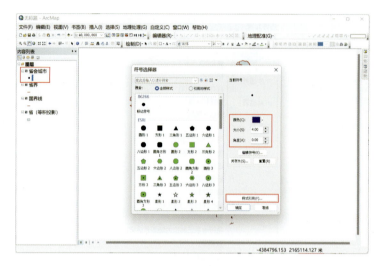

图 2-8　符号选择

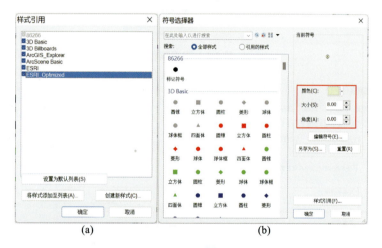

图 2-9　样式引用

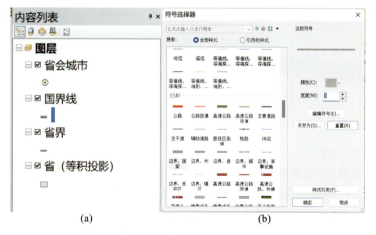

图 2-10　修改国界线标记

(a)   (b)

图 2-11 修改省界标记

(a)   (b)

图 2-12 修改省(等积投影)标记

4. 效果预览

以美观和实用为原则,修改好所有图层的标记符号和标注,预览地图效果后还可按照上述步骤进一步修改。

5. 信息查询

每个图层都有附带的表信息,表中包含地理要素的属性信息,可用于显示、查询和分析数据。表由行和列组成,且所有行都具有相同的列。在 ArcGIS 中,行和列分别称为记录和字段。每个字段可存储为一个特定的数据类型,如数字、日期或文本等。

当打开多个表时,在【表】窗口中单击 ,选择【表选项】→【排列表】,此菜单下包括【新建水平选项卡】、【新建垂直选项卡】等菜单,用于设置多个表的排列组合。

这里以查找湖北省面为例进行学习,具体步骤如下。

（1）打开属性表。

在内容列表中找到"省（等积投影）",右击,在弹出的菜单栏中找到【打开属性表】并单击,打开【表】窗口,可以查看属性表的内容,如图 2-13、图 2-14 所示。

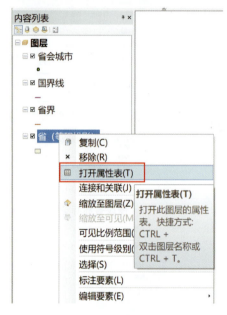

图 2-13　打开属性表

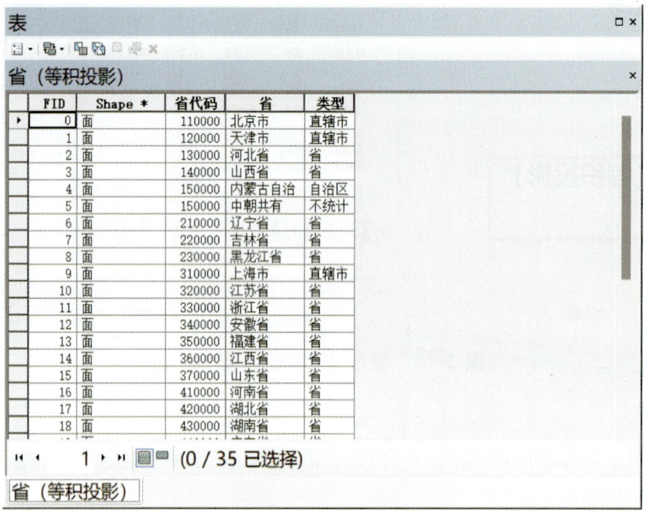

图 2-14　属性表

（2）信息查询。

在【表】窗口中单击 按钮,在下拉菜单中找到【按属性选择】并单击,在【按属性选择】对话框中进行查询操作。双击""省",单击"＝",键盘输入"'湖北省'",点击【应用】按钮,可以发现属性表中的湖北省数据栏被选中,呈蓝色高亮,在地图中同样可以发现湖北省的边缘也用亮蓝色勾出。相关操作如图 2-15、图 2-16 所示。同样，也可以输入其他的查询格式，如查询省会城市、其他省份的信息等。

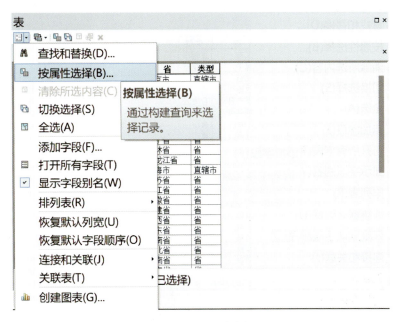

图 2-15　按属性选择

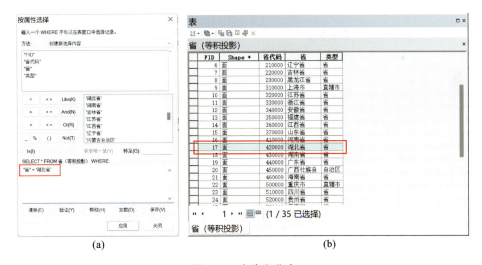

(a)　　　　　　　　　　　　　　　　(b)

图 2-16　查找湖北省

6. 要素修改

以把湖北省改成与其他省份不一样的颜色为例进行学习。

（1）在内容列表中找到"省（等积投影）"，右击，在弹出的菜单栏中找到【打开属性表】并单击。

（2）在属性表窗口中单击 按钮，单击【添加字段】，添加一个"ID"字段，在【类型】下拉列表中选择"短整型"，在【字段属性】中设置"精度"为"8"，单击【确定】按钮，如图 2-17、图 2-18 所示。

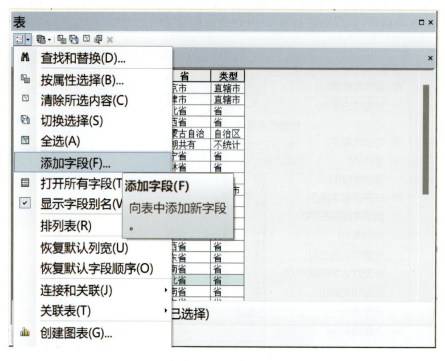

图 2-17　添加字段(1)

图 2-18　添加字段(2)

字段类型有以下几种：

①短整型：适合位数较短的整数。

②长整型：适合位数较长的整数。

③浮点型：适合小数位较短的小数。

④双精度：适合小数位较长的小数。

⑤日期：基于标准的时间格式。

注意事项：

【字段属性】的“精度”指输入属性数据的长短，根据将要输入的数据长短而设。此外，字段属性设置不必太长，足够即可，太长则会影响操作。

（3）打开【编辑器】，点击【开始编辑】，双击湖北省的 ID 进行更改，赋为“1”，其他省面均为“0”，完成后点击【编辑器】→【保存编辑内容】→【停止编辑】，如图 2-19 至图 2-22 所示。

图 2-19　打开编辑器

表

省（等积投影）

FID	Shape *	省代码	省	类型	ID
0	面	110000	北京市	直辖市	0
1	面	120000	天津市	直辖市	0
2	面	130000	河北省	省	0
3	面	140000	山西省	省	0
4	面	150000	内蒙古自治	自治区	0
5	面	150000	中朝共有	不统计	0
6	面	210000	辽宁省	省	0
7	面	220000	吉林省	省	0
8	面	230000	黑龙江省	省	0
9	面	310000	上海市	直辖市	0
10	面	320000	江苏省	省	0
11	面	330000	浙江省	省	0
12	面	340000	安徽省	省	0
13	面	350000	福建省	省	0
14	面	360000	江西省	省	0
15	面	370000	山东省	省	0
16	面	410000	河南省	省	0
17	面	420000	湖北省	省	1
18	面	430000	湖南省	省	0

18　(1 / 35 已选择)

省（等积投影）

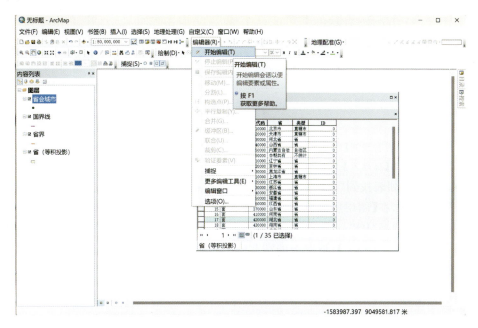

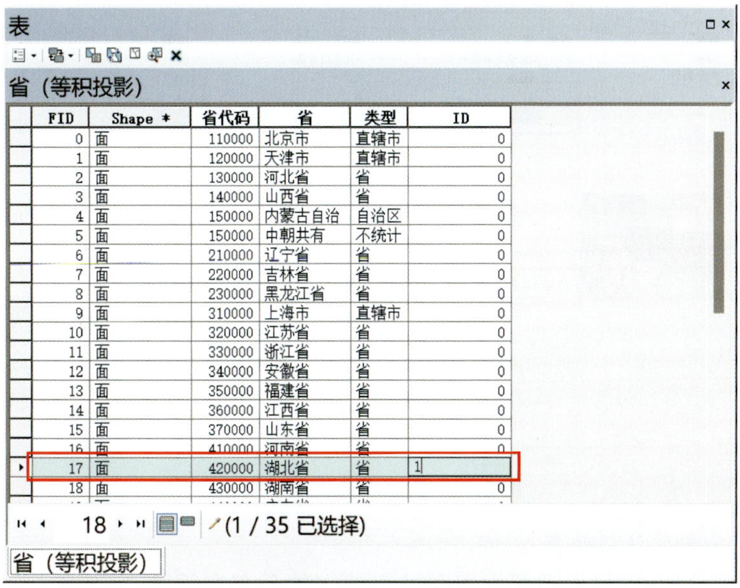

图 2-20　更改湖北省 ID

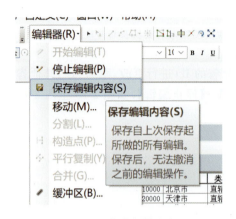

图 2-21 保存编辑内容

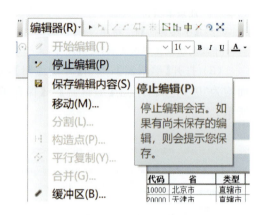

图 2-22 停止编辑

注意事项：

若未在工具栏找到【编辑器】，可点击菜单栏【自定义】，选择【工具条】，找到【编辑器】并单击勾选，则【编辑器】工具栏可在工具栏出现。

（4）在内容列表找到"省（等积投影）"并右击，在弹出的菜单栏找到【属性】并单击，打开【图层属性】，在【图层属性】对话框中找到【符号系统】选项卡，点击【类别】，在【值字段】下拉菜单中选择"ID"，点击【添加所有值】，双击"0"和"1"的长方形格子，可以对显示颜色进行更改，点击【确定】，地图中的湖北省的显示颜色会与其他省份的显示颜色有所区分，如图 2-23 所示。

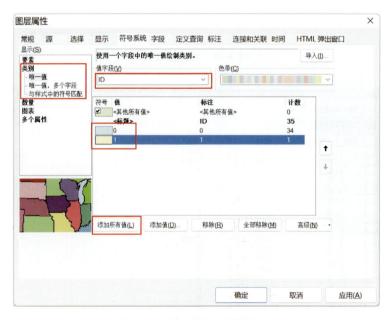

图 2-23 更改湖北省显示颜色

7. 自定义要素注记位置

仔细观察地图，可以发现图中省会城市的字体分布有重叠，需要进行调整，在内容列表中找到"省会城市"并右击，在弹出的菜单栏中找到【将标注转换为注记】并单击，在【存储注记】中选择【在地图中】，在【为以下选项创建注记】中选择【所有要素】，单击【转换】按钮,返回地图可以发现省会城市的名称可以移动,利用工具栏的选择按钮 对字体位置进行调整,双击字体文本框对字体大小和样式进行更改,如图 2-24、图 2-25 所示。

图 2-24　将标注转换为注记(1)

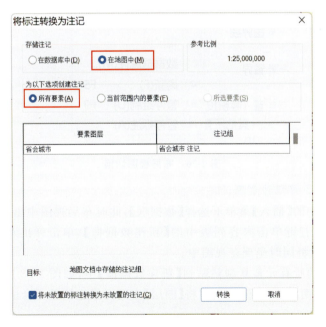

图 2-25　将标注转换为注记(2)

注意事项:

将标注转换为注记后,不能通过修改图层属性中的标注选项来改变字体、字号等,因为此时标注已经转换为注记。若要统一修改其字体、字号等,点击【选择元素】按钮,拉一个矩形框,把修改的内容拉入框内,在【绘图】工具栏(通过单击【自定义】→【工具条】打开)中修改即可。

8. 切换视图

ArcGIS 提供了数据视图和布局视图两种视图方式。数据视图是对地理数据进行浏览、显示、查询的通用视图,此视图隐藏了部分地图元素,如标题、指北针和比例尺等。布局视图用于显示虚拟页面的视图,在该页面上放置和布局了地理数据和地图元素,以便地图制图和输出。两种地图显示方式可以通过地图显示窗口左下角的 和 两个按钮来实现,或者通过单击【视图】菜单下的【布局视图】和【数据视图】子菜单进行切换。

在菜单栏选择【视图】→【布局视图】,由数据视图切换到布局视图,如图 2-26 所示。

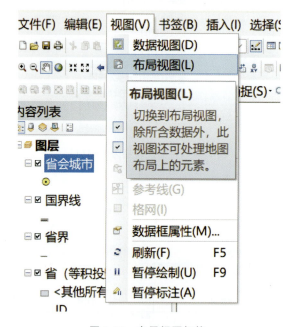

图 2-26 布局视图切换

9. 南海水域小图操作步骤

在布局视图中的【插入】菜单下选择【数据框】,此时布局视图中出现如图 2-27 所示的【新建数据框】,右键单击内容列表中的【新建数据框】,单击弹出对话框中的【激活A】,此时所有要素将同时呈现在视图中。

将【图层】中的所有元素复制粘贴到【新建数据框】中,如图 2-28 所示,将其调整至合适大小,仅呈现南海诸岛部分,同时将【图层】中的元素也调整至合适位置。

10. 页面和打印设置

在菜单栏找到【文件】→【页面和打印设置】,单击打开对话框。在对话框中将【纸张】中的【大小】选为"A3",【方向】选择"横向",调整边框到合适的大小和位置,在内容列表中选择能够撑满界面的图层,右击,找到【缩放至图层】并单击,如图 2-29 至图 2-31 所示。

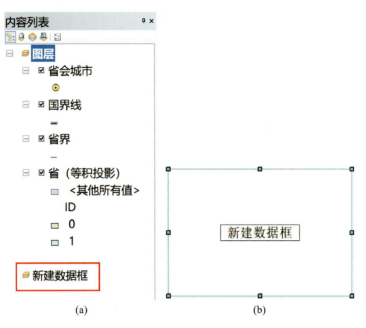

图 2-27 添加新建数据框

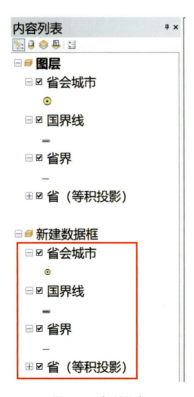

图 2-28 复制元素

图 2-29　页面和打印设置(1)

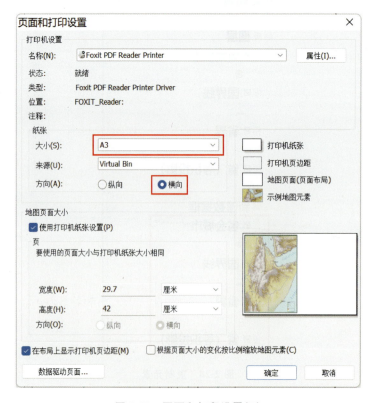

图 2-30　页面和打印设置(2)

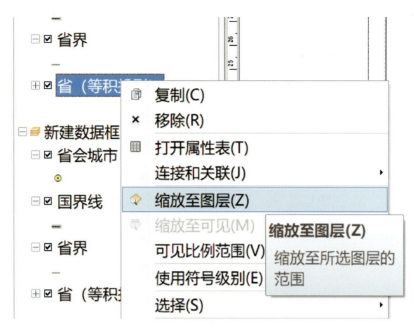

图 2-31　缩放至图层

注意事项：

为使地图能够位于打印页面的中心，并且可以撑满整个页面，需要在切换到布局视图前找到适合的图层，右击，在弹出的对话框中选择【缩放至图层】，然后切换到布局视图，拉动地图的边框调整到合适的大小及位置。有时操作一次不能实现，需要反复几次便可达到理想效果。

11. 添加地图要素

在菜单栏中找到【插入】→【标题】，标题文本框会自动加载到地图上，找到空的文本框，双击，打开【属性】对话框，在【文本】中输入标题，单击【更改符号】修改标题的字号、字体等。图例、指北针、比例尺等地图要素的添加与此类似。相关操作如图 2-32 至图 2-35 所示。

对于图例，在打开【图例向导】之后，可以根据需要依次设置图例框属性。双击【图例】即可打开图例【属性】对话框，向导中的所有内容都可以更改。指北针和比例尺的操作与此类似。另外，图例的显示与图层属性是挂钩的，在此基础上，修改数据内容列表中相关内容都会改变图例的内容，因此，这也是修改图例内容的一种基本方法。

这种方法适用于结构简单的图例。当需要设置有着复杂结构的图例或自定义图例时，可以通过【转换为图形】实现。具体操作为选中图例，右击，选择【转换为图形】，再右击，选择【取消分组】，将图例拆分为单个的对象。选中需要编辑的对象，右击，选择【取消分组】，双击文字弹出文本【属性】对话框，即可编辑相关属性，如图 2-36、图 2-37 所示。

指北针和比例尺亦有类似的操作。需要注意的是，在插入比例尺时需要在【比例尺选择器】中点击【属性】，在【比例尺和单位】选项卡中将【主刻度单位】更改为千米。还可在【数字和刻度】选项卡中修改比例尺的刻度和数字的大小，如图 2-38 所示。

最终效果可参考配套视频教学内容。

图 2-32　添加标题

图 2-33　添加图例

图 2-34　添加指北针

图 2-35　添加比例尺

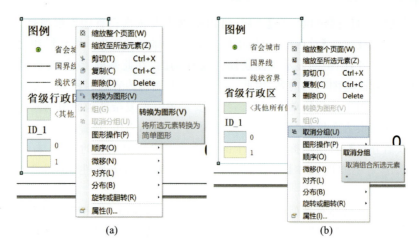

图 2-36　转换为图形及取消分组

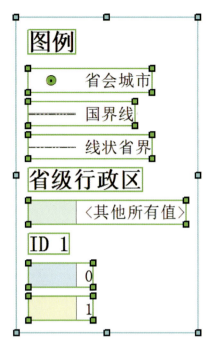

图 2-37 转换效果

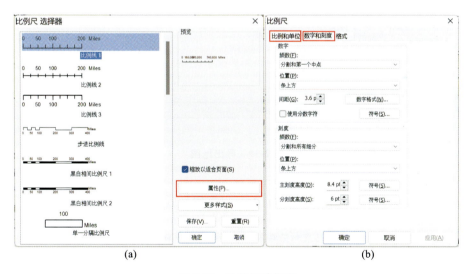

图 2-38 比例尺选择器

注意事项：

比例尺转换为图形之后就不再与源数据相关联，即比例尺转换为图形之后再调整形状就会产生地图与比例尺数据不匹配的情况。

12. 导出地图及保存工程文件

（1）导出地图。

在导出地图之前，可以进行打印预览，便于发现问题并及时修改。通过点击菜单栏中的【文件】→【打印预览】打开。

在菜单栏选择【文件】→【导出地图】，在【导出地图】对话框中的【文件名】一栏输入文件名称,【保存类型】选择"JPEG",【分辨率】设置为"1000dpi",点击【保存】,即可导出湖北省区位图,如图 2-39 所示。分辨率的 dpi 值越大,导出的图片越清晰,文件也会越大,出图时间也更长;反之则图件的清晰度会受到影响。

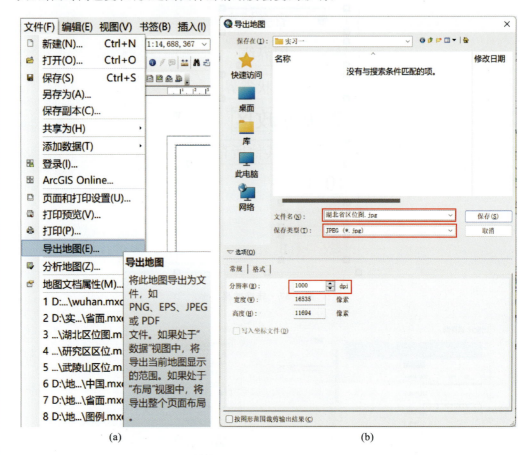

图 2-39　导出地图

(2) 保存工程文件。

导出地图后注意保存工程文件(.mxd),以方便日后修改。

注意事项:

ArcMap 地图文档中只记录和保存各图层所对应的源数据的路径信息,通过路径信息实时地调用数据源。每次加载文档时,系统根据地图文档中记录的路径信息去指定的目录中读取数据源。如果磁盘中数据文件的存储路径有所改变,比如,复制到另一个文件夹里,或拷贝到其他电脑上,那么整个地图文档文件的数据就不会正常显示,图层面板上会出现多个红色感叹号,可右击图层选择【数据】菜单下【修复数据源】菜单来修复数据。所以,在进行文件保存和复制时,不仅要保存工程文件,还需要明确数据存储位置,以方便二次操作和移位。

(五) 趣味练习

1. 地图符号编辑

在绘制地图的编辑地图符号的步骤中,若【符号选择器】中未陈列出想要的符号,则可通过【符号选择器】进行深层次编辑。打开"湖北省区位图.mxd",双击"省会城市"图标打开【符号选择器】,选择【编辑符号】,进入【符号属性编辑器】界面,可以点击【属性】下的【类型】以选择不同类型符号,以及对符号的大小、颜色等进行修改,如图 2-40 所示。

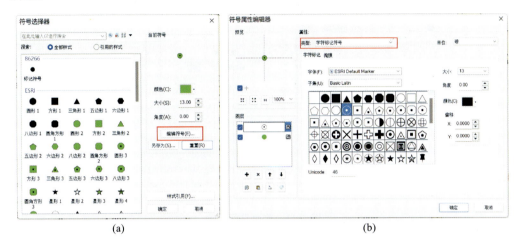

图 2-40　选择不同类型符号

在【符号属性编辑器】左侧的图层中可添加多个图层进行叠加,也可删除、上移或下移图层,改变图层叠加效果,如图 2-41 所示。若选择【简单标记符号】,则除了可修改符号的颜色、形状和大小以外,还可以修改偏移度、轮廓颜色和轮廓大小等,如图 2-42 所示。

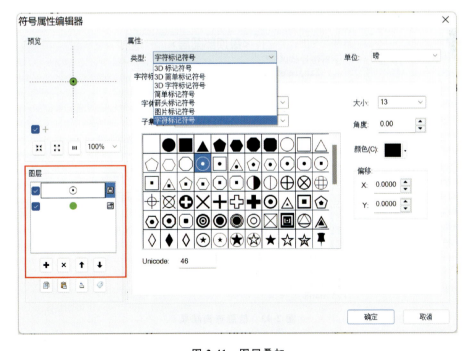

图 2-41　图层叠加

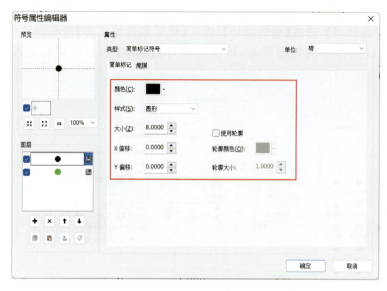

图 2-42 改变符号要素

2. 信息查询

在查询图层信息时，除了打开属性表广泛查找，或按照属性、位置或图形进行选择以外，还可以通过快速查询功能查找某一图层上某一元素的全部属性。打开"湖北省区位图.mxd"，点击 ![i] 进入信息查询模式，即可点击图层中的某一元素进行查询，呈现查询结果，如图 2-43 所示。

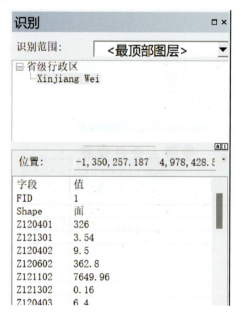

图 2-43 信息查询结果

3. 注记添加和编辑

在将地图标注转化为注记时，有时会出现溢出注记的情况，即部分注记因为位置重叠而被剔除，不能显现出来，如图 2-44 所示。此时为保证注记完整，可重新添加文本以补全注记。打开"湖北省区位图.mxd"，点击菜单栏中的【插入】，选择【文本】，将文本框插入图层中，双击文本框可修改框内文字、字体、颜色等，如图 2-45、图 2-46 所示。

同时，也可直接复制图层中现有文本框，修改其内容和属性以完成添加文本步骤。

图 2-44　注记溢出

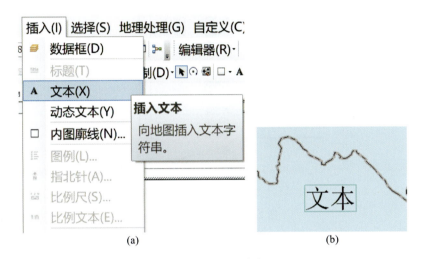

图 2-45　插入文本框

图 2-46　修改文本

4. 南海水域框图制作

南海水域一般以小图呈现,但因其处于水域,为完整体现其特征,可将背景修改为蓝色。打开"湖北省区位图.mxd",点击南海水域数据框,右击,选择【属性】,在【数据框属性】对话框中选择【框架】,点击【背景】下拉框,选择不同颜色背景,从而制作出带有颜色背景的南海水域框图,如图 2-47 至图 2-48 所示。

图 2-47　点击数据框属性

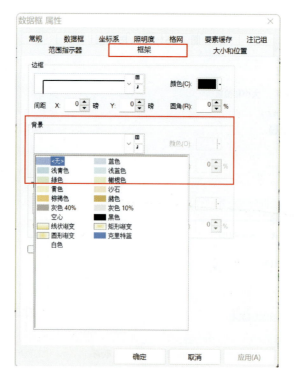

图 2-48　修改背景颜色

5. 数据框美化

如若想要美化地图，为制作好的地图添加边框，则可通过绘制图层来实现。先打开"湖北省区位图.mxd"，点击菜单栏中的【自定义】→【工具条】，勾选【绘图】工具，即可在菜单栏找到【绘制】工具栏；点击 □ ▼选择【矩形】，沿打印页面绘制完整边框，修改底纹颜色；右击图层选择【顺序】→【置于底层】，再按照原步骤绘制一个矩形，设置成白色底纹，拖拽至与数据框重合，再将该形状设置成倒数第二层，得到最终效果图，如图 2-49、图 2-50 所示。

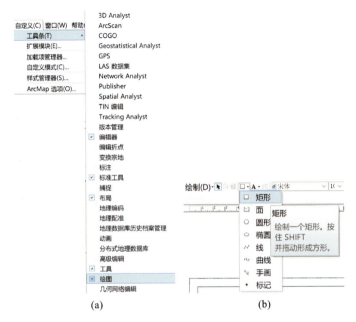

图 2-49　添加绘图工具条

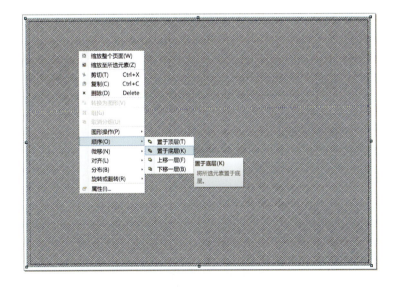

图 2-50　修改形状属性

实习二　地理配准

（一）实习目的

（1）了解大地坐标、地理坐标与投影坐标的区别。
（2）了解投影的概念及类型，掌握投影变换及定义投影的方法。
（3）掌握地理配准的概念及操作方法。

（二）实习要求

（1）数据准备：扫描图件（不带坐标的湖北省扫描图）、中国投影数据。
（2）根据实习操作步骤，学会用 ArcGIS 加载坐标，配准图形。

（三）实习成果

输出一张有坐标（与中国投影数据坐标一致）的湖北省地图（"IMAGINE Image"格式或 TIFF 格式）。

（四）实习步骤

1. 添加数据

按照实习一的步骤新建地图文档，在【工具条】中找到【添加数据】，弹出【添加数据】对话框，选择"实习二"文件夹，将"湖北省地图.jpg"和"地级城市驻地.shp"文件加载到地图中，如图 2-51 所示。在内容列表找到"地级城市驻地"图层，将"name"要素标注出来（参考实习一），右击，在弹出的菜单栏选择【属性】并单击，在【属性】对话框找到【标注】选项卡，为方便显示可以将标注字号调大一些。由于两个图层坐标系不同，所以不会重叠显示，可以找到想看的图层并右击，在弹出的菜单栏中选择【缩放至图层】，如图 2-52 所示。

图 2-51　添加数据

图 2-52 缩放至图层

2. 打开地理配准工具条

扫描到的地图数据(图片文件)通常不包含空间参考系,航片和卫片的位置精度往往也比较低,这就需要通过具有较高位置精度的控制点将这些数据匹配到用户指定的地理坐标系中,这个过程就是地理配准,即通过建立数学函数将栅格数据集(扫描后的图像、图片文件)中的各点的位置与标准参考系中的已知地理坐标点的位置相连接,从而确定图像中任意一点的地理坐标。

为避免过度变形,地理配准中控制点的选择要遵循以下原则:

(1)应选取图像上易分辨且较精细的特征点。

(2)特征变化大的区域应多选点。

(3)图像边缘处要尽量选点。

(4)尽可能满幅、均匀地选点。

在菜单栏中单击【自定义】→【工具条】→【地理配准】,加载【地理配准】工具条,如图2-53 所示。

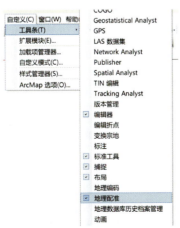

图 2-53 打开【地理配准】工具条

3. 添加控制点

找到【地理配准】工具条，点击【地理配准】，在下拉菜单中确认【自动校正】没有勾选，保证自动校正已禁用，如图 2-54 所示。如果打开【自动校正】，在输入每一个控制点以后，系统会自动计算匹配结果，图像文件就会发生变化，有时图像会超出显示范围或者发生较大角度的倾斜。如果关闭【自动校正】，则图像在输入控制点过程中不发生变化，在所有控制点输入完成以后，更新【地理配准】即可。

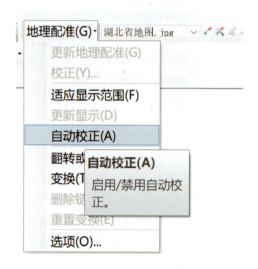

图 2-54　禁用自动校正

在内容列表中找到"湖北省地图.jpg"，右击，找到【缩放至图层】并单击，全图显示图像文件，在【地理配准】工具条上，单击【地理配准】→【适应显示范围】，将在与目标相同的区域中显示栅格数据集。

单击【地理配准】工具条上的按钮，先在"湖北省地图.jpg"图层上选择相对应城市的点，单击（绿色十字线），然后将鼠标移动至"地级市"图层上的目标位置处后单击（红色十字线），系统会认定绿色十字线处为原始坐标，红色十字线处为目标坐标，从而确定了一组对应关系，在此过程中需要灵活运用放大和抓手工具，如图 2-55 所示。需要注意的是，应保证原始坐标和目标坐标各自在相同的图层上。

图 2-55　添加控制点

利用以上方法至少添加 6 个控制点，控制点越多，配准效果越精确，且选点应均匀地分布在地图上，以减少误差。

除此之外，还可以通过输入平面坐标的方法来精确定点。在地图上选点之后，右击，在弹出菜单中单击【输入 X 和 Y...】，输入坐标即可增加控制点，如图 2-56 所示。

(a) (b)

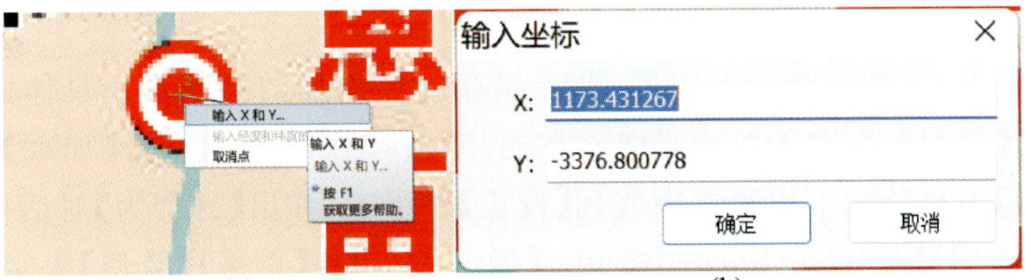

图 2-56 精确增加控制点

4. 地理校正

增加完控制点之后，应对控制点的精度进行检查。在【地理配准】工具条上，点击按钮，打开【链接】窗口，勾选左下角的【自动校正】，查看各点的残差与 RMS 误差。RMS 总误差是评估变换精度的重要依据，其中误差较大的控制点应该删除并重新选点，如图 2-57、图 2-58 所示。删除的方法为选中要删除点的所在行，在键盘上点击 Delete 键即可。

残差是指起点所落的位置与指定的实际位置之间的差，总体差值是对所有控制点的残差求均方根，该值称为 RMS 总误差。

链接

RMS 总误差(E): Forward:0

链接	X 源	Y 源	X 地图	Y 地图	残差_x	残差_y	残差
1	2300.666...	-1392.05...	536089.0...	4020134....	0	0	0
2	1369.294...	-3294.98...	430179.0...	3749952....	0	0	0
3	2214.654...	-2109.62...	533292.1...	3920544....	0	0	0
4	2635.007...	-2964.17...	599752.2...	3809482....	0	0	0
5	3261.786...	-2689.57...	683177.4...	3852630....	0	0	0
6	4501.858...	-2771.14...	846301.5...	3858038....	0	0	0
7	4741.685...	-3035.27...	885163.1...	3824606....	0	0	0
8	4774.546...	-3639.89...	893927.6...	3748414....	0	0	0
9	5268.789...	-3336.12...	966601.4...	3793136....	0	0	0
10	3770.618...	-3201.85...	755618.3...	3792136....	0	0	0

自动校正(A) 变换(T): 一阶多项式(仿射)

度分秒 Forward Residual Unit : Unknown

图 2-57 链接表

链接

RMS 总误差(E): Forward:3019.45

链接	X 源	Y 源	X 地图	Y 地图	残差_x	残差_y	残差
1	2300.666...	-1392.05...	536089.0...	4020134....	-371.803	1876.28	1912.76
2	1369.294...	-3294.98...	430179.0...	3749952....	-407.379	101.324	419.79
3	2214.654...	-2109.62...	533292.1...	3920544....	720.496	224.819	754.756
4	2635.007...	-2964.17...	599752.2...	3809482....	776.38	-652.139	1013.93
5	3261.786...	-2689.57...	683177.4...	3852630....	2019.17	-2313.77	3070.93
6	4501.858...	-2771.14...	846301.5...	3858038....	-4243.77	-1197	4409.36
7	4741.685...	-3035.27...	885163.1...	3824606....	-840.209	-1929.13	2104.17
8	4774.546...	-3639.89...	893927.6...	3748414....	-3111.63	3102.28	4393.9
9	5268.789...	-3336.12...	966601.4...	3793136....	5705.85	712.477	5750.16
10	3770.618...	-3201.85...	755618.3...	3792136....	-247.109	74.8738	258.203

自动校正(A) 变换(T): 一阶多项式(仿射)

度分秒 Forward Residual Unit : Unknown

图 2-58 检查控制点精度

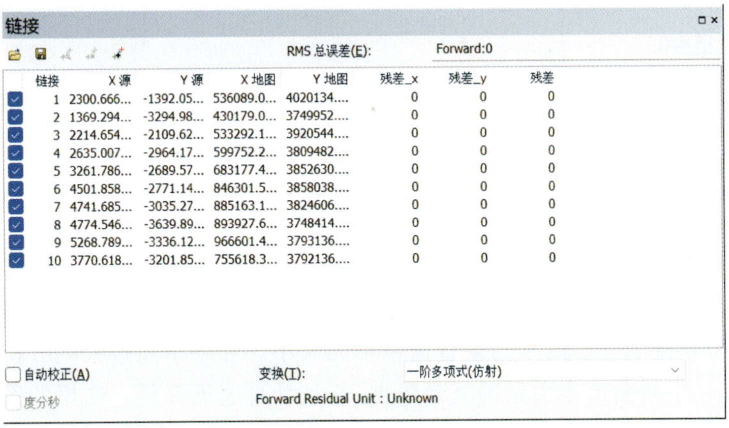

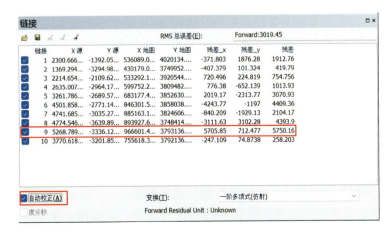

5. 地理配准

为了便于下次修改、减少工作量，需要保存已经添加的控制点。具体操作为在【链接】窗口点击【保存】，保存为".txt"格式文档，下次操作时直接点击【加载】即可。然后在【地理配准】工具条的下拉菜单中找到【校正】并单击，弹出【另存为】对话框，【格式】选择"TIFF"或者"IMAGINE Image"均可。【像元大小】和【重采样类型】决定输出文件的精度，了解即可。注意修改【输出位置】以方便查找，点击【保存】，完成地理配准，如图2-59所示。在此需要注意的是，当【格式】为灰色时，应在【输出位置】中将文件夹改选为已添加到数据库的文件夹。

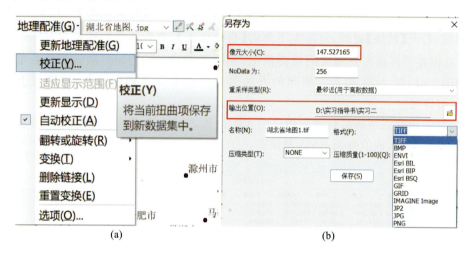

图 2-59　完成配准

栅格数据由单元组成。单元是代表区域特定部分的方块。单元按行、按列排列，组成了一个笛卡儿坐标系，并且所有的单元是同样大小。单元大小，也称分析解析度，指栅格数据空间分析中分析结果的缺省栅格单元大小。如果单元过大则分析结果精度降低，如果单元过小则会产生大量的冗余数据，并且计算速度降低。这里的像元大小即输出结果的栅格大小。

一般情况下采集到的数据都是以离散点的形式存在，只有在这些采样点上才有较为准确的数值，而未采样点上都没有数值。然而，在实际应用中却有可能需要用到某些未采样点的数值，这个时候就需要通过已采样点的数值来推算未采样点数值。这样的过程就叫作栅格数据的重采样。

重采样类型有三种：最邻近内插、双线性内插、双三次卷积内插。最邻近内插是将最邻近的像元值赋给新像元；双线性内插使用邻近4点的像元值，按照不同的权重进行线性内插；双三次卷积内插使用内插点周围的16个像元值，用三次卷积函数进行内插。采用最邻近内插法得到的图像灰度值有明显的不连续性，而后两种方法克服了最邻近内插法的灰度值不连续的缺点，但其计算量增大。在默认情况下，会使用最邻近分配重采样技术，这是因为它同时适用于离散数据和连续数据。

此时生成的带有坐标的地图将作为后面矢量化的工作底图。坐标系是GIS的数学基础，影响到作图的精确度和要素的数学计算。本次实习主要练习了以扫描图（无坐标）加载已有坐标系（源坐标系）的步骤，在实际工作中十分常用。同时，带有源坐标系的数据也可以是遥感影像或其他类型,在找到对应的配准点后都可以进行配准。

此外,工作中还需要定义投影或进行投影变换,操作步骤详见本书的第一部分。

(五) 趣味练习

地理配准基本操作可将矢量要素与栅格要素对应起来,即可进行地图的矢量化,但如果部分矢量数据配准不完全,出现了误差,则需要进行空间校正以修正部分数据的大小和位置。另外,如果是在野外进行实际数据勘测,则需要通过所记录的数据确定该点在地图中的位置,即可利用基于文本的点要素创建方法进行要素创建。

1. 空间校正

打开"实习二"文件夹下的"Transform.mxd"文件,右上角的新建图层由于空间扭曲而出现在错误的位置,现需使用空间校正将其归位。点击菜单栏中的【自定义】,选择【工具条】,在显示出的列表中勾选【空间校正】,屏幕中将会出现【空间校正】工具条。打开【编辑器】,先点击【开始编辑】,再点击【空间校正】,选择【设置校正数据】,在弹出的对话框中点选【以下图层中的所有要素】,勾选屏幕中出现的"NewBuildings"和"NewParcels",点击【确定】按钮,如图 2-60、图 2-61 所示。在【编辑器】中打开【捕捉】工具条,仅选择折点捕捉工具,然后找到【空间校正】工具条,点击【空间校正】,选择【变换-相似】,从而将变换方法设置为相似变换。点击【空间校正】工具条中的 ,单击错误图层和原始图层中对应的折点(注意需要均匀点击),以设置变换链接。点击【空间校正】工具条中的 查看链接数据,判断对应点的残差是否过大,过大则需删除并重新设置,如图 2-62 至图 2-65 所示。设置结束后可点击【空间校正】,选择【校正预览】,检查校正效果,若效果合适则再次点击【空间校正】,点击【校正】,即可完成校正,得到最终效果图,如图 2-66 至图 2-68 所示。

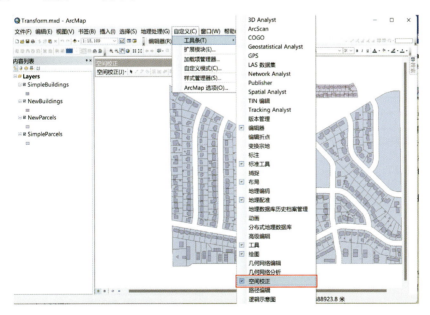

图 2-60　打开【空间校正】工具条

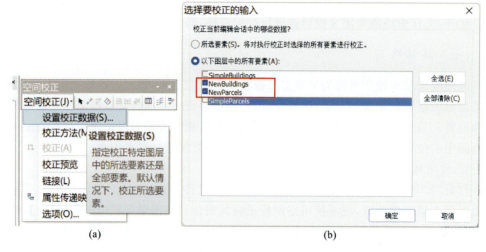

图 2-61 设置校正数据

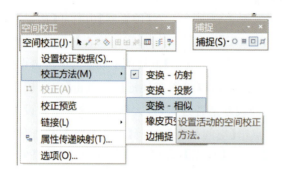

图 2-62 设置变换方法

图 2-63 打开链接工具

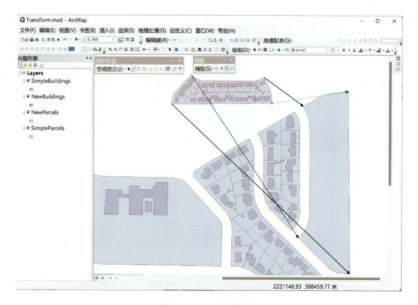

图 2-64 建立链接

图 2-65　打开链接表

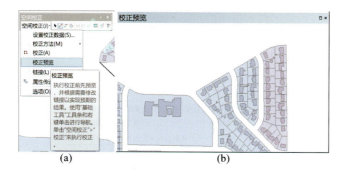

图 2-66　预览校正结果

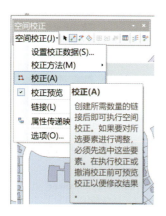

图 2-67　校正

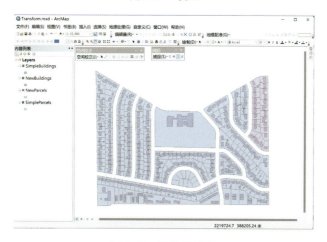

图 2-68　最终效果图

2. 基于文本数据的点要素创建

现有的矢量数据大多由采集的遥感影像转化而成，如果要将在野外勘测时记录的文本数据转为矢量数据，则需要进行导入处理。打开 ArcMap 软件，新建一个空白文档，点击菜单栏中的【文件】，选择【添加数据】，点击【添加 XY 数据】，在弹出的对话框中，将【从地图中选择一个表或浏览到另一个表】中的文件修改为"实习二"文件夹中给定的文件"居民点.txt"，X 字段和 Y 字段分别对应 x 和 y，若暂不知道坐标系则可以不用修改，点击【确定】即可将数据添加到地图中，如图 2-69 至图 2-71 所示。为确保下次可直接使用该数据，应右击新添加到地图中的图层，在弹出的菜单栏中选择【数据】→【导出数据】，在弹出的对话框中修改文件保存位置和文件名称，即可导出矢量点数据，如图 2-72、图 2-73 所示。

图 2-69　添加数据(1)

图 2-70　添加数据(2)

图 2-71　添加数据（3）

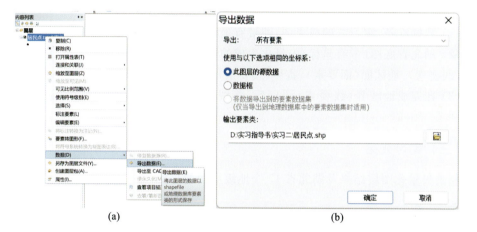

(a)　　　　　　　　　　　　　　(b)

图 2-72　导出数据（1）

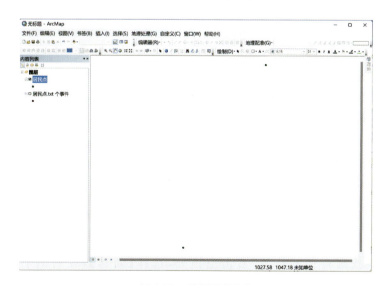

图 2-73　导出数据（2）

实习三　地图矢量化

（一）实习目的

（1）理解矢量数据与栅格数据的概念与特点。
（2）掌握栅格数据与矢量数据的转换方法。
（3）掌握点要素、线要素、面要素的矢量化方法及步骤。
（4）掌握属性数据库的建立方法，以及空间数据库与属性数据库的关联。

（二）实习要求

（1）数据准备：实习二的成果图，即带有坐标的湖北省扫描图件。
（2）湖北省底图（带有坐标）矢量化生成的地级市（点要素）、省会城市（点要素）、地区界（线要素）、地区面（面要素）、省界（线要素）等图层。
（3）在完成地区界（线要素）图层后，将线要素转变为面要素，即生成 17 个地级市面。

（三）实习成果

相关矢量化图层结果及湖北省 17 个地级市面的生成。

（四）实习步骤

在矢量化开始前，应制定详细的分层方案。数据分层是当前 GIS 软件处理空间数据最基本的策略，数据分层一般遵循以下原则：①不同类的要素，如河流、桥梁、公路、居民地等，应分布在不同的图层。②不同几何形状的要素，如面状地物的行政区域与点状地物的水井、杆塔等，应分布在不同的图层。③同种性质、不同类别的地物，如同为交通线的铁路与公路等，应分布在不同的图层；同种类型、不同等级的地物宜放在同一图层，如不同等级的公路宜置于同一图层，应用中可以通过子类加以区分。④不同时段的数据应分布在不同的图层。

1. 建立点要素

（1）打开 ArcCatalog。
ArcMap 中的要素包括点、线、面以及三维的点和线，而每一种要素都存放在图层中，因此，每创建一类要素，就要相应地新建一个图层。图层需要在目录（ArcCatalog）中创建，目录可以直接在 ArcMap 中打开（在【窗口】下拉菜单中点击【目录】即可）。

（2）新建点图层。
在目录中找到存储的位置，右击空白处，选择【新建】，在右侧下拉框中单击【Shapefile】，弹出【创建新 Shapefile】对话框，【名称】填为"地级市"，【要素类型】选择"点"，点击【编辑】，弹出【空间参考属性】对话框，选择【投影坐标系】→【Gauss Kruger

→【Beijing 1954】→【Beijing 1954 3 Degree GK CM 114E】,点击【确定】按钮,这个步骤是给点图层定义坐标系,如图 2-74、图 2-75 所示。

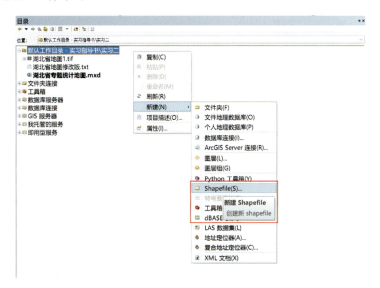

图 2-74　新建点图层(1)

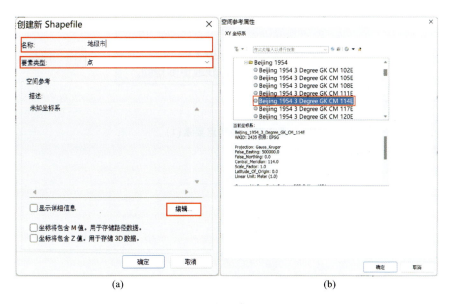

(a)　　　　　　　　　　　　　　　　(b)

图 2-75　新建点图层(2)

(3) 编辑点图层。

打开 ArcMap,新建空白图层,将定义好的点图层(地级市)和实习二校正过的地图都加载到 ArcMap 的内容列表中,如图 2-76 所示。

单击菜单栏中的【自定义】→【工具条】,找到【编辑器】并勾选,在【编辑器】中单击【开始编辑】,使数据处于编辑状态。启动编辑后,点击【编辑器】的 按钮,ArcMap 将启动【创建要素】窗口,在【创建要素】窗口中双击"地级市",出现【模板属性】对话框,点击【确定】按钮,如图 2-77、图 2-78 所示。

图 2-76　添加数据

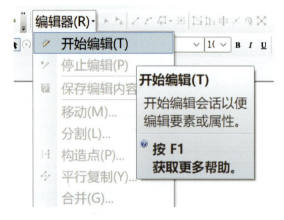

图 2-77　编辑点要素（1）

图 2-78　编辑点要素（2）

在内容列表中右击"湖北省地图1.tif",选择【缩放至图层】,利用放大镜找到地级市的点并单击,如图 2-79 所示。随后,将 17 个地级市的点均点上,完成后在【编辑器】中依次点击【保存编辑内容】、【停止编辑】。

图 2-79　编辑点要素(3)

(4) 给点要素命名。

选择"地级市"图层,右击,在弹出的菜单栏中选择【打开属性表】→【添加字段】→【确定】,字段【名称】为"NAME",【类型】为"文本","长度"为"10"。接着找到【编辑器】,点击【开始编辑】,在相应位置分别键入 17 个地级市的名称,完成后依次点击【保存编辑内容】、【停止编辑】。然后将"NAME"要素标注出来(参考实习一)。相关操作如图2-80、图 2-81 所示。

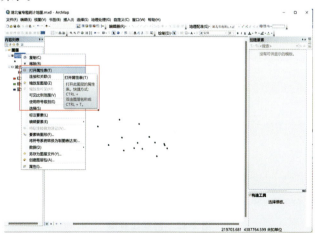

图 2-80　编辑属性表(1)

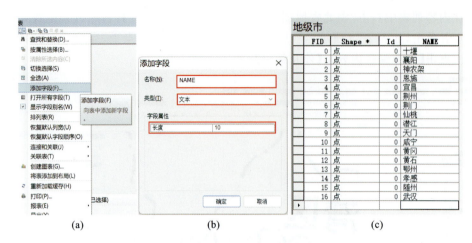

(a)   (b)   (c)

图 2-81　编辑属性表（2）

注意事项：

在为地级市添加名称属性数据时，可先添加字段，每创建一个点要素，便添加相应的名称属性。这样可以避免出现错误，并且省时省力。若点要素已经全部创建完成，但却没有添加属性数据，可在【表】中点选某要素，该要素则会高亮显示，便可知是哪个要素，从而添加相应的属性数据。

2. 建立线要素

与建立点要素的步骤类似，若要建立线要素，应在目录中新建线图层，名称为"省界"，【要素类型】为【折线】，并定义同样的投影坐标系。之后，将其加载到内容列表中，打开【编辑器】，按照编辑点要素的方法开始编辑线要素，如图 2-82 所示。

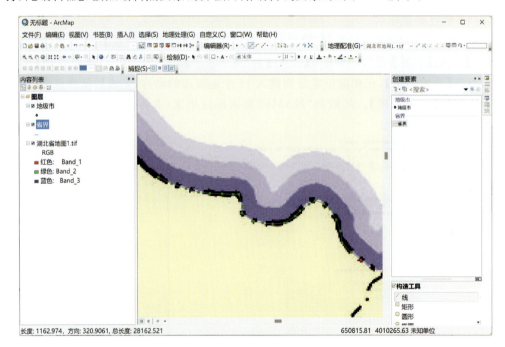

图 2-82　创建线要素

线要素的创建类似于"点动成线"，通过描点来完成线要素的创建，每描完一条线，双击或按 F2 键结束。点越密集，线要素与地理实体的拟合度越好，精度越高。以此方法来完成省界线要素的创建。（线要素也可以编辑属性表，在此不作要求。）

注意事项：

线要素矢量化的工作量很大，在"点点点"的过程中常会出现"断点"进而"断线"的情况，不利于后面的"线生成面"，这时，可以单击菜单栏中的【自定义】→【工具条】，找到【捕捉】工具并勾选【使用捕捉】，利用捕捉工具来捕捉节点，以保证线的连贯性，如图 2-83 所示。若出现断点情况，捕捉工具则会自动搜索线的端点，端点显示为正方形的边框，可在此继续编辑线要素，从而避免出现各条线要素不能连接的情况。若新建线要素已经被保存，但又想重新编辑线上的点，则可点击 [icon] 重新编辑线要素。若在累计编辑线要素过程中出现错误，想要保留正确部分、删除错误部分，则可先选中目标线要素，再点击【编辑器】中的 [icon]，单击目标线要素中想要分割的位置，以分割该线要素，再选中错误线要素，右击，选择【删除】或直接点击键盘上的 Delete 键删除。

图 2-83　捕捉工具

"省界"线要素建立完成后，再建立"市界"线要素，同"省界"线要素建立方法相同。

注意事项：

"市界"需要与"省界"连接起来，可利用捕捉工具进行连接。

3. 线要素转面

在前面"建立线要素"部分完成了省界的矢量化，现在通过要素转面工具生成湖北省省面。在菜单栏找到【地理处理】，在下拉菜单中选择【ArcToolbox】，在【ArcToolbox】工具集中找到【数据管理工具】→【要素】→【要素转面】，在【输入要素】中加载"省界"和"市界"图层，在【输出要素类】中设置好输出路径，点击【确定】，转换完成后的面会自动加载到内容列表中，如图 2-84、图 2-85 所示。

注意事项：

若面要素生成失败，则应仔细检查线要素是否存在断线的情况，或各个线要素之间是否完全连接，然后再删减或补充，检查完毕之后再次操作线要素转面。

图 2-84　打开【ArcToolbox】工具集

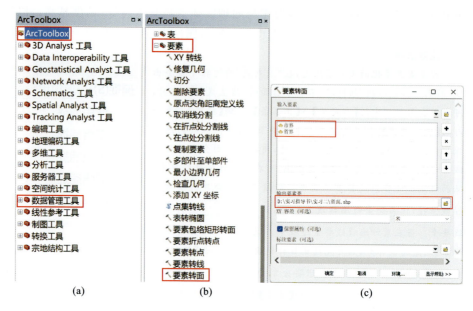

图 2-85　打开【要素转面】对话框

4. 保存文件

在菜单栏中单击【文件】→【保存】,弹出【另存为】对话框,在【文件名】中填写相应文件名称,点击【保存】,以备日后使用。

注意事项：

应与底图、工程文件及要素文件放在同一个文件夹,并且每次的实习文件要放在同一路径下,如图 2-86 所示。

图 2-86　保存文件

（五）趣味练习

在进行地图矢量化时,如果是规则的面,则可直接通过创建面要素来创建图层,省去复杂的矢量化过程;此外,若想要按照现有线要素的走向创建与之相匹配的要素,则可采用公共边编辑,创建直线或曲线的平行线。

1. 创建面要素

打开"实习三"文件夹下的"CreatingNewFeatures.mxd"文件,如图 2-87 所示,黑色框图区域为需要编辑的面,由于该区域有完整的端点,因此可以直接绘制出面要素。打开【编辑器】工具条,点击【编辑器】→【开始编辑】,选择编辑"studyarea"图层,在【编辑器】中点击 ,打开【创建要素】对话框,在创建要素菜单栏中点击"WATERLINE",【构造工具】选择【面】,如图 2-88、图 2-89 所示。点击【编辑器】工具条,选择【捕捉】→【捕捉工具条】,打开捕捉工具,关掉其他工具,仅保留折点捕捉工具,即可进行捕捉,在捕捉到最后一个折点时右击折点,选择【完成草图】,即可完成创建,如图 2-90 至图 2-92 所示。选择【编辑器】工具条中的属性工具,打开【属性】对话框,修改新建"Layer"图层,将名称改为"Studyarea",即可完成创建,如图 2-93、图 2-94 所示。

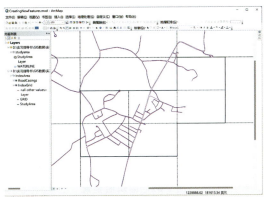

图 2-87　打开文件

图 2-88　选择编辑图层

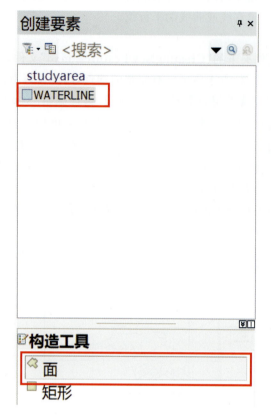

图 2-89 编辑面要素

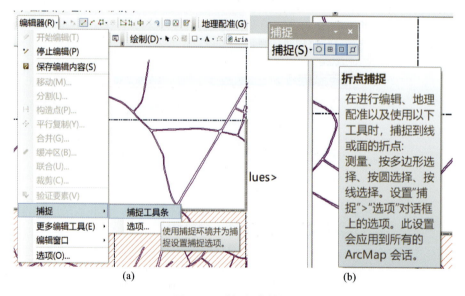

图 2-90 选择折点捕捉

图 2-91　创建面要素

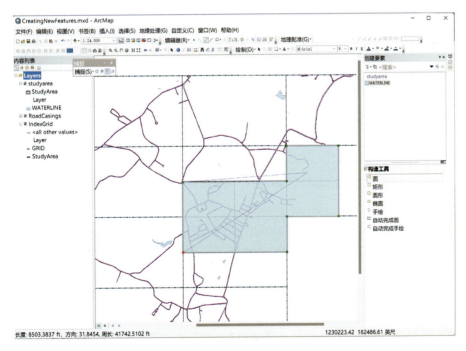

图 2-92　完成创建

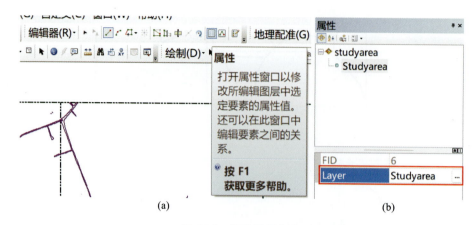

图 2-93　修改图层名称

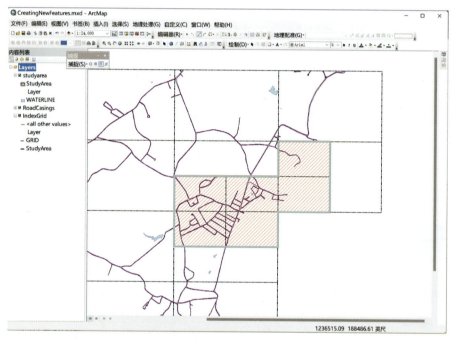

图 2-94　创建结果

2. 公共边编辑

打开"实习三"文件夹下的"CreatingNewFeatures.mxd"文件,点击菜单栏中的【书签】,选择"Update road casings",即可将地图定位到需要编辑的位置,如图 2-95、图2-96所示。打开【编辑器】,点击【开始编辑】,选择编辑"RoadCasings"图层,点击【确定】,如图 2-97 所示。点击【编辑器】工具条中的 (创建要素),在【创建要素】对话框中点击"RoadCasings",在构造工具中点击【线】,即可进行线要素的创建。由于图层中的部分要素已被添加,即可采用捕捉工具,从【编辑】工具条中打开【捕捉】工具条,仅选择端点和边捕捉工具,如图 2-98 所示。先用鼠标捕捉残缺线条最左侧的端点,右击空白处,在弹出的菜单栏中选择【长度】,输入"15",即可控制线的长度为 15,然后再次右击空白处,选择【方向】,输入"260",即可确定第一个点,如图 2-99 至图 2-102 所示。

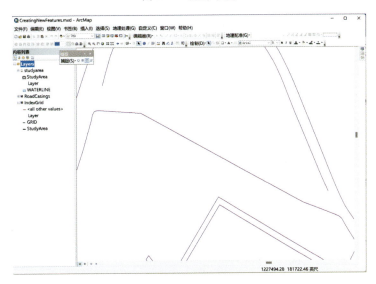

图 2-95　选择书签

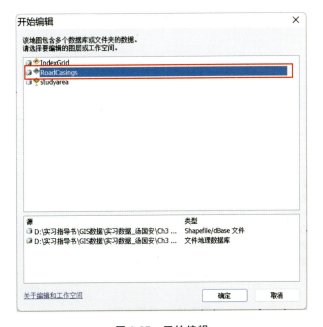

图 2-96　编辑区域

图 2-97　开始编辑

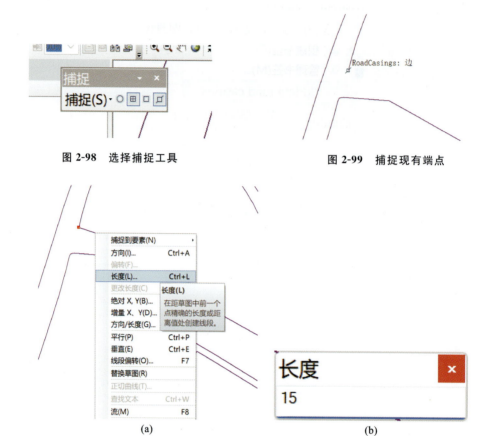

图 2-98　选择捕捉工具

图 2-99　捕捉现有端点

图 2-100　编辑长度

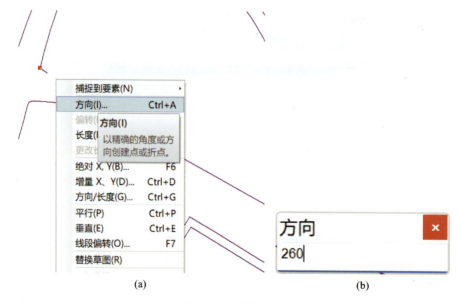

图 2-101　编辑方向

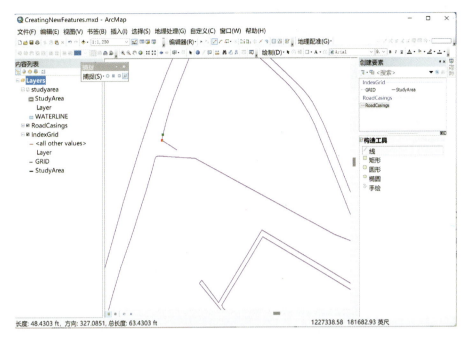

图 2-102　输入第一个点

转角曲线的编辑可以采用正切曲线进行编辑。右击空白处，选择【正切曲线】，【弦】改为"20"，【增量角】改为"90"，勾选【左对齐】，即可画出第二个点，如图 2-103、图 2-104 所示。

图 2-103　编辑正切曲线

还可以通过与前一个点的相对距离来确定下一个点。右击空白处，选择【增量 X、Y】，第一个空格输入"88"，第二个空格输入"−9"，即可确定第三个点，如图 2-105 所示。接下来需要创建一条平行线，将鼠标移动到想要与之平行的那条线上，当出现边捕捉提示时右击，选择【平行】，右击空白处，选择【长度】，输入"415"，即可确定第四个点，如图 2-106、图 2-107 所示。也可通过绝对位置来确定点。右击空白处，选择【绝对 X、Y】，【X】输入"1227820.6"，【Y】输入"181460.6"，即可获得第五个点，如图 2-108 所示。最后再做一个正切曲线，【弦】为"12"，【增量角】为"120"，勾选【左对齐】，即可生成最后一个点，如图 2-109 所示。然后捕捉要连接的线的端点即可形成一条完整的线，如图 2-110 所示。

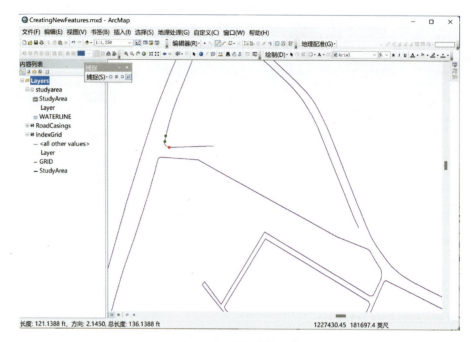

图 2-104　输入第二个点

图 2-105　相对位置

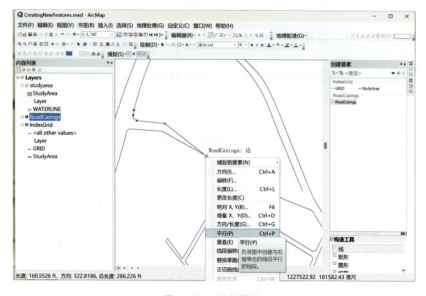

图 2-106　平行操作

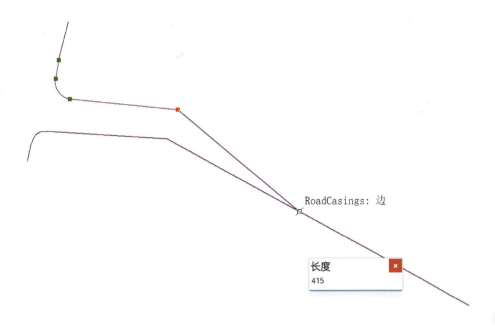

图 2-107　平行长度

图 2-108　绝对位置

图 2-109　正切曲线

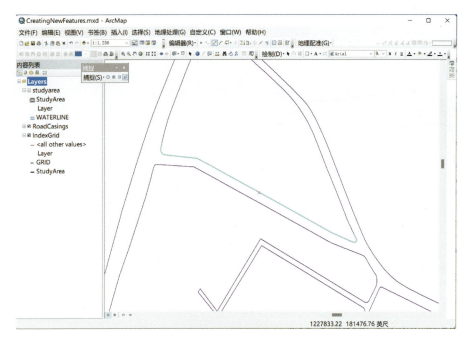

图 2-110　创建线要素

实习四　旅游专题地图的制作

（一）实习目的

（1）了解旅游专题地图的组成要素。
（2）学会制作旅游景区分布图、旅游交通图、旅游统计图等。
（3）了解 ArcGIS 中图例的设计、内涵及表达。

（二）实习要求

（1）数据准备：实习三中生成的矢量化图层。
（2）叠加点、线、面图层，添加比例尺、图例、指北针等地图信息，制作旅游专题地图。

（三）实习成果

输出一份美观、完整的湖北省旅游专题地图。

（四）实习步骤

1. 面图层添色

这里给实习三中生成的湖北省面添加颜色。在内容列表中找到"省面"，右击，在弹出的菜单栏中选择【属性】,在【图层属性】对话框中找到【符号系统】选项卡并单击,找到【类别】并单击,进行颜色填充和选择。参照实习一,对省界、市界、地级市的图标进行更改,可以利用【将标注转换为注记】对地级市名称的位置进行调整。

注意事项：

可根据实习一的演示对图层添加字段,自行标注以区分不同区域,达到每个区域颜色不同的效果,也可通过计算每个区域的面积来进行分区设色。下面演示先计算面积再分区设色的步骤。右击"省面",在弹出的菜单栏中找到【打开属性表】并单击。在【表】窗口中单击 按钮,单击【添加字段】,添加一个"Area"字段,【类型】选择"短整型",调整"精度"为"8",单击【确定】。打开【编辑器】（在菜单栏的【自定义】→【工具条】中打开）,点击【开始编辑】。在【表】窗口中选择"Area"一列,右击该列,选择【计算几何】,在【计算几何】对话框中【属性】一栏选择"面积",在【单位】一栏选择"平方千米",再点击【确定】,即可计算出每个区域的面积。点击【编辑器】,选择【保存编辑内容】,然后点击【停止编辑】,随后即可进行分区设色,如图 2-111 至图 2-113 所示。

图 2-111　添加字段

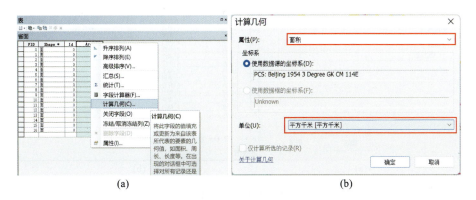

(a)　　　　　　　　　　　　　　　　(b)

图 2-112　计算区域面积

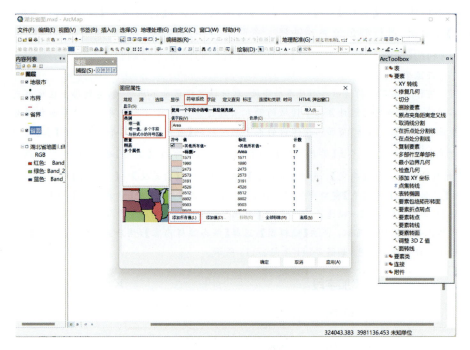

图 2-113 添加颜色

2. 添加统计图表

此部分内容以在地图中生成湖北省 17 个地级市的旅游统计图为例。在内容列表中找到"地级市"图层并右击,在弹出的菜单中选择【打开属性表】,在【表】窗口中点击,出现【添加字段】对话框,分别添加"国内旅游收入"和"国内旅游人数"字段(【类型】选择"双精度","精度"设为"18","小数位数"设为"2"),完成后,找到【编辑器】,点击【开始编辑】,依次键入统计数据,随后依次点击【保存编辑内容】、【停止编辑】,如图 2-114 所示。

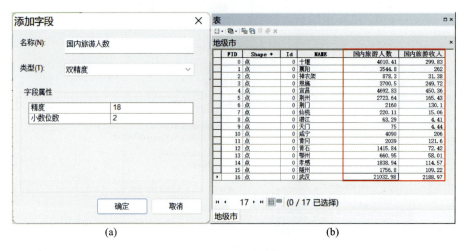

(a)   (b)

图 2-114 属性编辑

在内容列表找到"地级市"图层并右击,在弹出的菜单栏找到【属性】并单击,弹出

【图层属性】对话框，找到【符号系统】选项卡，单击【图表】项，选择【条形图/柱状图】。点击【属性】可以更改条形图或柱状图的样式和颜色，制作出协调美观的统计图，如图2-115所示。

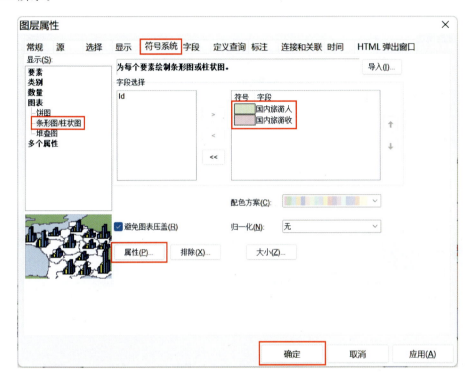

图 2-115　添加统计图

3. 版面设计

参照实习一，切换到布局视图，对【页面和打印设置】进行更改，添加合适的图例、比例尺、标题等。

4. 导出地图

注意格式和分辨率的选择，若选择".jpg"格式，则分辨率越高，导出来的地图越清晰。

(五) 趣味练习

数量数据一般携带着大量的相关数据，利用数据我们可以制作出统计地图以方便查看，除了利用编辑属性功能制作单一统计图以外，还可利用地图中的专业统计图表制作功能制作出单独的统计图，并添加到地图中。另外，当地图中部分要素出现错位等问题时，可利用编辑图层要素功能对错位要素进行调整。

1. 统计图表制作

打开"实习四"文件夹下的"chart.mxd"文件，这一文件包括"机场""噪音影响区"和"土地规划"图层，可通过图层叠加分析求解出受机场噪音影响区域的土地利用情况，并将统计图表添加到图层中，制作出另一种类型的统计图。

先通过改变图层的符号属性将该区域的不同土地利用类型用颜色区分开来。在内容列表中右击"土地规划",在弹出的菜单栏中点击【属性】,打开【图层属性】对话框,然后点击【符号系统】,选择【类别】下的【唯一值】,在【值字段】中选择"LAND_USE",点击【添加所有值】,更换色带后点击【确定】,即可将不同土地利用类型区分开,如图 2-116、图 2-117 所示。

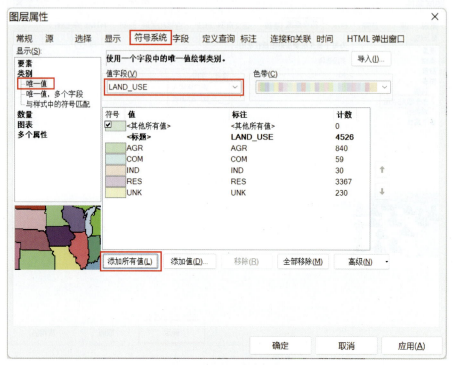

图 2-116　更改图层符号属性

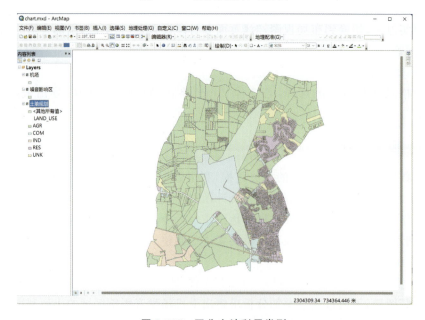

图 2-117　区分土地利用类型

接下来需要将被机场噪音影响的区域从"土地规划"图层中提取出来,点击菜单栏中的【选择】,选中【按位置选择】,打开【按位置选择】对话框,将【选择方法】修改为【从以下图层中选择要素】,【目标图层】勾选"土地规划",【源图层】选择"噪音影响区",在【目标图层要素的空间选择方法】中选择【与源图层要素相交】,点击【确定】,在图层中被机场噪音影响的区域的边界将呈现为亮蓝色,如图 2-118 至图 2-120 所示。

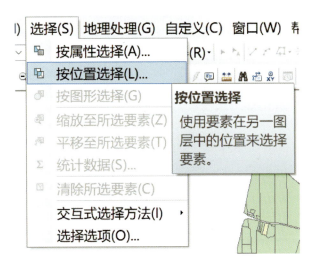

图 2-118　按位置选择

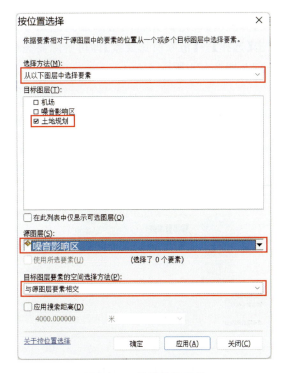

图 2-119　编辑选择条件

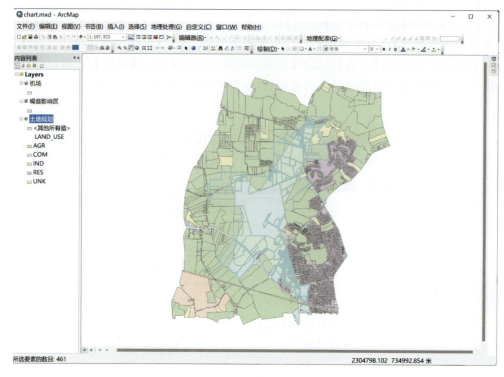

图 2-120　被选择效果

右击"土地规划"图层，选择【数据】→【导出数据】，在【导出数据】对话框中选择"所选要素"，并修改存储位置，点击【确定】，并将图层添加到地图中，如图 2-121 所示。右击"土地规划"图层，点击【选择】→【清除所选要素】即可解除高亮模式，完成机场噪音影响区域的提取，如图 2-122、图 2-123 所示。

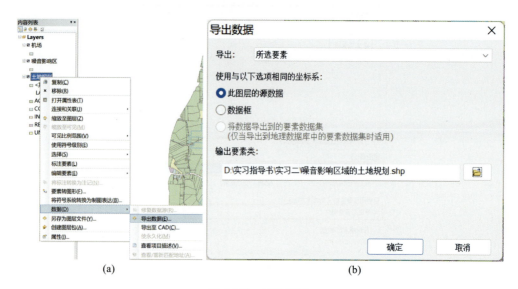

(a)　　　　　　　　　　　　　　　　　(b)

图 2-121　导出数据

图 2-122　清除所选要素

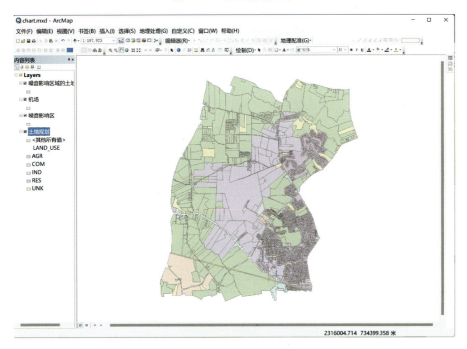

图 2-123　添加新图层

然后要统计受机场噪音影响区域的土地利用类型的个数,此时就需要利用属性表的汇总功能。右击"噪音影响区域的土地规划"图层,单击【打开属性表】,在【表】窗口中选择"LAND_USE"字段,右击,在弹出的菜单栏中选择【汇总】,在【汇总】对话框中将【选择汇总字段】修改为"LAND_USE",【汇总统计信息】中勾选"Shape_Area"下的【总和】,然后修改存储位置,并将【保存类型】改为"dBASE 表",点击【保存】按钮,保存以后内容列表中就会出现一个统计表,右击该汇总表,点击【打开】即可查看汇总数据,如图 2-124 至图 2-126 所示。

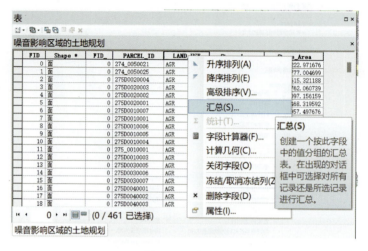

图 2-124 汇总

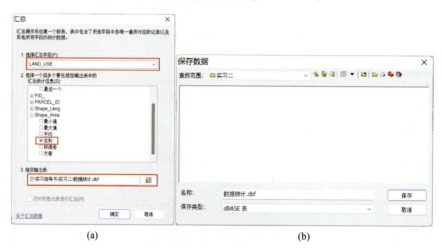

图 2-125 保存汇总表

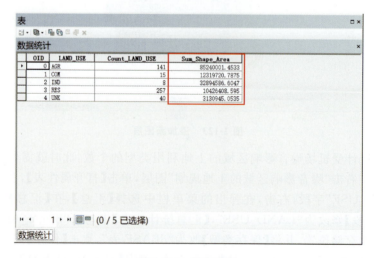

图 2-126 汇总数据

若要进一步将统计数据以统计图的形式呈现,则需点击菜单栏的【视图】,选择【图表】→【创建图表】,进入【创建图表向导】页面,将【图表类型】修改为"垂直条块",【值字段】选择"Count_LAND_USE",【X 标注字段】选择"LAND_USE",然后点击【下一步】以进入第二步,将【常规图标属性】的【标题】修改为"噪音范围内的土地利用",【图例】的【标题】修改为"统计地块个数",【轴属性】的【标题】修改为"地块个数",点击【完成】即可将统计图加载到地图中,如图 2-127 至图 2-130 所示。

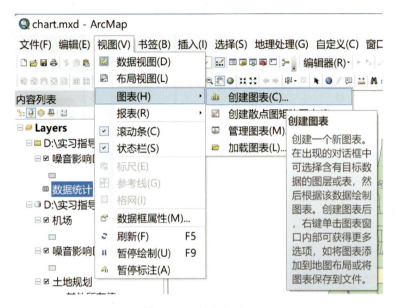

图 2-127　创建新图表

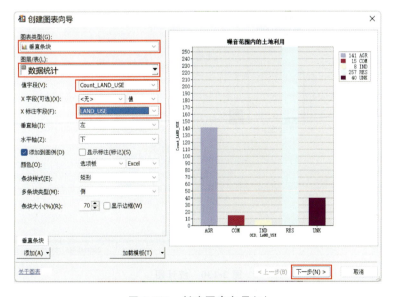

图 2-128　创建图表向导(1)

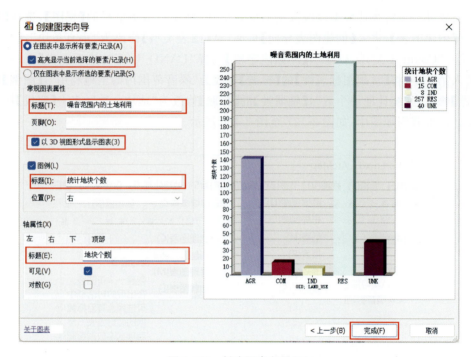

图 2-129　创建图表向导(2)

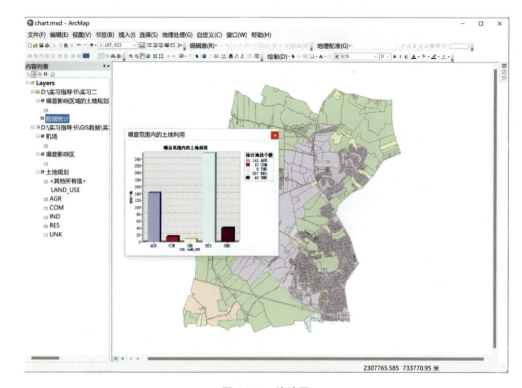

图 2-130　统计图

最后,右击图表,选择【添加到布局】,即可将图表添加到布局视图的地图中,如图 2-131、图 2-132 所示。

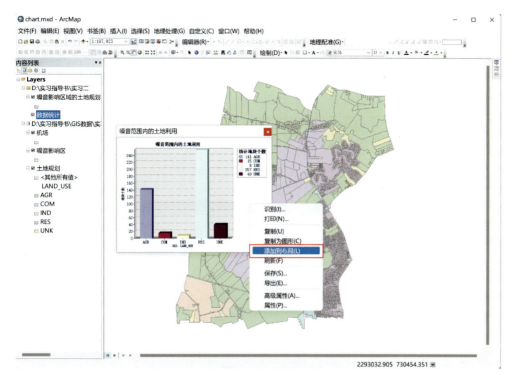

图 2-131　添加到布局

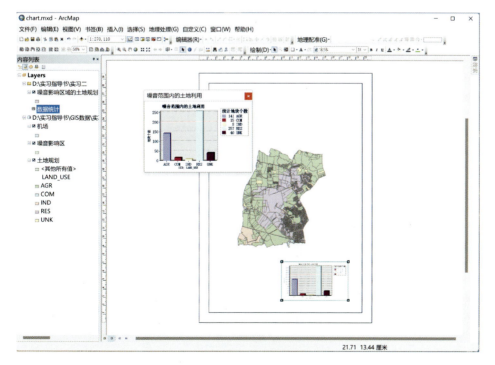

图 2-132　布局视图

2. 编辑图层要素

打开"实习四"文件夹下的"EditingFeatures.mxd"文件，地图中"New Buildings"图层原本是源地图中的一部分，但是现在的大小、方向和位置都发生了差错。先将"New Buildings"图层与"Buildings"图层进行合并，打开【编辑器】，选择编辑"Buildings"图层，采用 工具在地图中批量选择"New Buildings"中的要素。右击空白处，在弹出的菜单栏中选择【复制】，再次右击空白处，选择【粘贴】，在弹出的对话框中将【目标】改为"Buildings"，即可将选中要素粘贴到"Buildings"图层中，如图 2-133 至图 2-137 所示。

图 2-133　开始编辑

图 2-134　选择要素

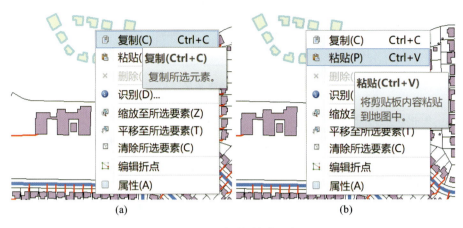

图 2-135 复制、粘贴要素

图 2-136 选择粘贴位置

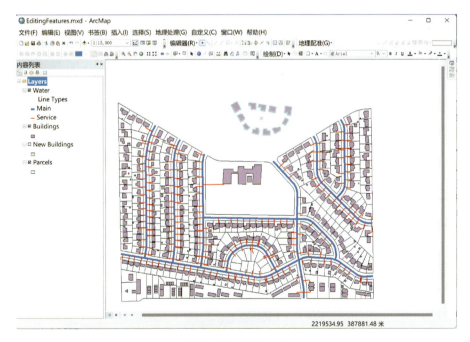

图 2-137 粘贴完成

再次选中错误区域,点击【编辑器】中的 ,将要素进行旋转,在弹出的对话框中将【角度】调为"180",即可将要素进行旋转,如图 2-138、图 2-139 所示。

图 2-138 旋转角度

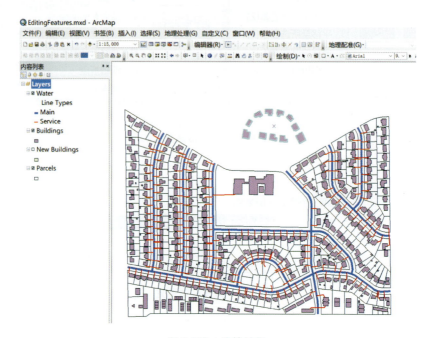

图 2-139 旋转结果

将【捕捉】工具条中的捕捉工具调整为端点捕捉,按住键盘中的 Ctrl 键,鼠标编辑要素中间的"×",并将其拖拽到要素左下角。再将【捕捉】工具条中的端点捕捉打开,关闭折点捕捉工具,点击所选要素中的"×",将其拖拽至对应位置的水管处,捕捉端点后停止,如图 2-140、图 2-141 所示。

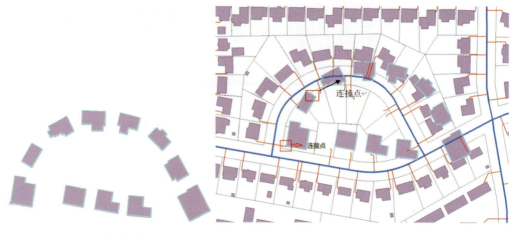

图 2-140 移动拖拽中心　　　　　　　图 2-141 连接图层

选择菜单栏中的【自定义】→【自定义模式】，在打开的【自定义】对话框中选择【命令】选项卡，在左边的【类别】中选择【编辑器】，在右边的【命令】中找到【比例】，将其拖拽至菜单栏中的【编辑器】工具中。点击【编辑器】中的 ，使用鼠标将选择的要素缩放至合适的位置，如图 2-142 至图 2-144 所示。

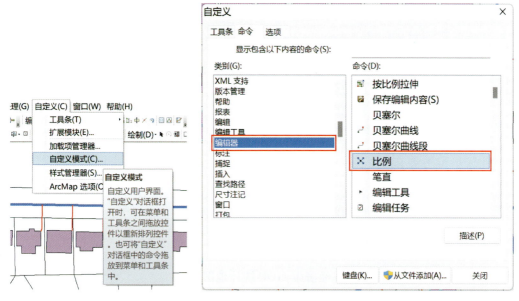

图 2-142　打开自定义模式　　　　　图 2-143　添加缩放工具

图 2-144　缩放结果

实习五　区域统计地图制作

（一）实习目的

(1) 学会从矢量数据中提取数据、进行多图层交叉选择的操作。
(2) 了解旅游专题地图的组成要素。
(3) 了解区域经济统计地图的基本要素和制作。
(4) 了解 ArcGIS 中统计图表的制作和含义。

（二）实习要求

(1) 了解矢量数据的含义，学会选择、编辑、导出、删除矢量数据。
(2) 参照区域统计地图的制作步骤，学会各类统计地图的制作方法。

（三）实习成果

参照实习步骤，制作出长江经济带 GDP 统计地图。

（四）实习步骤

1. 提取数据

(1) 加载数据。

启动 ArcMap，新建地图文档，在工具条上单击 按钮，打开【添加数据】对话框，将"实习五"文件夹中的"主要河流.shp"数据加载到地图上，点击【添加】，如图 2-145 所示。

图 2-145　添加数据

(2)筛选一级河流。

在内容列表中找到"主要河流"图层并右击,在弹出的下拉菜单中点击【打开属性表】,其中名为"JB"的列表示河流的等级。先在【表】窗口单击 按钮,然后在下拉菜单中找到【按属性选择】并单击,再在【按属性选择】对话框中双击""JB"",单击"=",键盘输入"1",点击【应用】按钮,可以发现【表】中的部分数据栏被选中,呈蓝色高亮,这些是表示一级河流的折线,在地图中同样可以发现这些折线呈蓝色高亮,相关操作如图2-146 至图 2-149 所示。

图 2-146　打开属性表

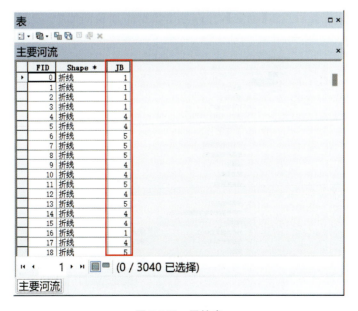

图 2-147　属性表

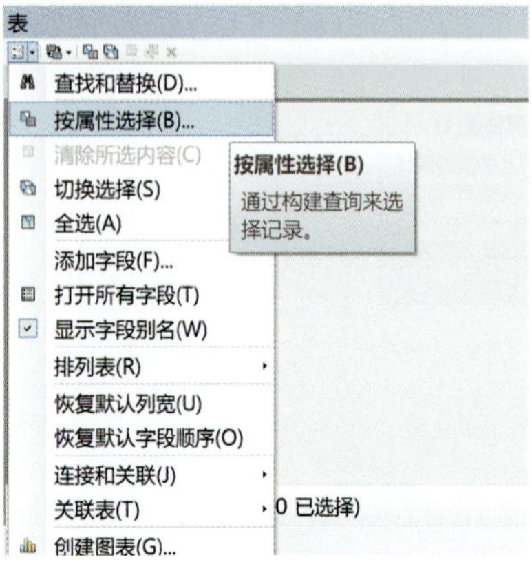

图 2-148　按属性选择 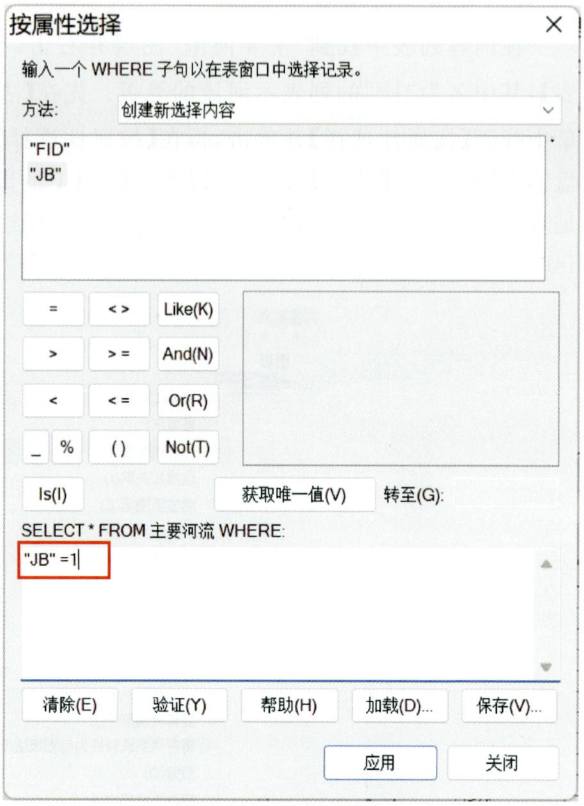　　　　　　　　　图 2-149　选择一级河流

在选中状态下,右击内容列表中的"主要河流"图层,在弹出的下拉菜单中点击【数据】,选择【导出数据】,弹出【导出数据】对话框,在【导出】一栏的下拉菜单中选择"所选要素",更改存储位置后点击【确定】,允许导出数据添加到图层中,如图 2-150、图 2-151 所示。

图 2-150　导出数据(1)

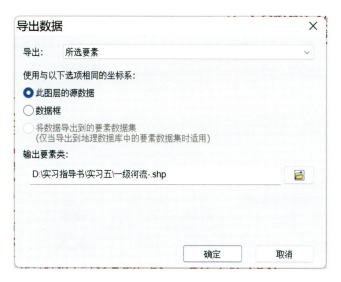

图 2-151　导出数据（2）

（3）提取长江。

我国的一级河流有六条，要想筛选出长江，可通过删除其他河流或直接选择长江并导出来实现。打开【编辑器】，选择【开始编辑】，若想要直接选择长江，则可按住键盘中的 Shift 键，用鼠标完全选择代表长江的折线，并通过上文所述的导出方式将长江导出。

若想要直接删除其他河流，则可通过第一部分所讲述的选择方式，单击 ▶ 工具，选择除长江以外的其他要素，点击键盘上的 Delete 键删除多余要素。编辑完成后，可右击"一级河流"图层，选择【属性】，在【图层属性】对话框选择【常规】选项卡，将【图层名称】修改为"长江1"，如图 2-152、图 2-153 所示。

图 2-152　删除多余要素

图 2-153　修改图层名称

注意事项：

导出的数据与源数据不能出现在同一个文件夹内，否则会无法导出。

2．图层叠加选择

在工具条上单击 ➕▾ 按钮，打开【添加数据】对话框，将"实习五"文件夹中的"省级行政区.shp"和"国界线.shp"数据加载到地图上，点击【确定】。

点击菜单栏中的【选择】→【按位置选择】，在【按位置选择】对话框中将【选择方法】改为"从以下图层中选择要素"，【目标图层】勾选"省级行政区"，【源图层】选择"长江"，【目标图层要素的空间选择方法】选择"与源图层要素相交"，然后点击【应用】即可选出长江经济带所包含的省份，如图 2-154、图 2-155 所示。

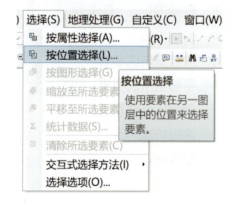

图 2-154　打开按位置选择对话框

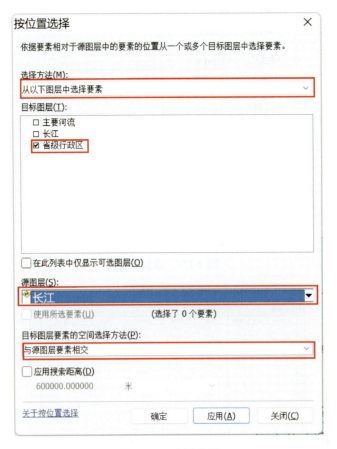

图 2-155 交叉选择

注意事项：

经济意义上的长江经济带与地理意义上的长江经济带有所不同，经济意义上的长江经济带包含上海、江苏、浙江、安徽、江西、湖北、湖南、重庆、四川、贵州、云南 11 个省(市)，其中疏漏的省(市)需按照选择长江数据的方法手动选择。

选择后即可按照导出"一级河流"的方法导出"长江经济带"。

3．添加统计图表

（1）添加数据。

右击新添加的"长江经济带"图层，打开该图层的属性表，在属性表中添加 5 个字段，分别命名为"2016""2017""2018""2019""2020"，【类型】选择"双精度"，"精度"设为"50"，"小数位数"设为"2"。打开【编辑器】选择【开始编辑】，即可根据给定数据填入长江经济带各省(市)五年内的 GDP，如图 2-156、图 2-157 所示。

（2）制作图表。

右击内容列表中的"长江经济带"图层，选择【属性】，打开【图层属性】对话框，单击【符号系统】选项卡，选择【图表】下的【条形图/柱状图】或者【堆叠图】，【字段】选择上一步所添加的全部数据，根据自己想要达到的效果选择【配色方案】中的色带，从而改变图标的颜色，如图 2-158 至图 2-160 所示。

图 2-156　添加字段

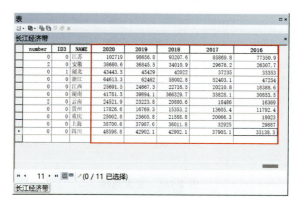

图 2-157　添加数值

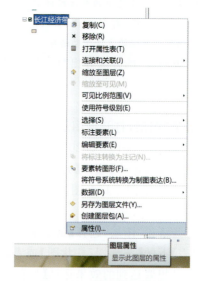

图 2-158　修改图层属性

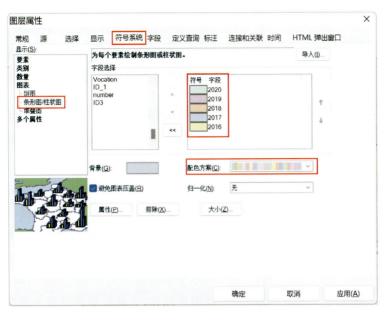

图 2-159 建立条形图/柱状图

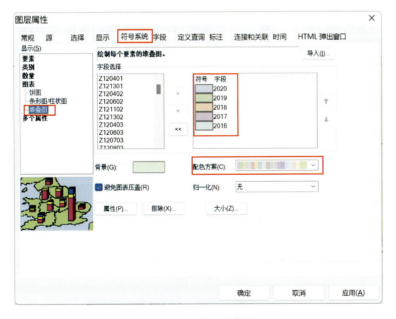

图 2-160 建立堆叠图

4. 版面设计

参照实习一,为图层设置标注,并转化为注记进行调整,切换到布局视图,对【页面和打印设置】进行更改,添加合适的图例、比例尺、标题等。

5. 导出地图

按照实习一的导出地图的方法导出地图,注意格式和分辨率的选择,尽量导出清晰的地图。

（五）趣味练习

矢量数据既可进行部分要素的提取，也可实现栅格数据和矢量数据之间的转化，还可根据矢量数据裁剪出需要的栅格图层，以制作出更为合理、美观的地图。

1. 栅格数据与矢量数据之间的相互转化

打开 ArcMap 软件，新建空白文档，点击【添加数据】，在"实习五"文件夹中选择"streams""wells"和"soils"数据并添加到地图中。点击菜单栏中的 ，打开工具箱，选择【转换工具】→【转为栅格】→【点转栅格】，打开【点转栅格】对话框，在【输入要素】中输入"wells"，【值字段】可任意选择，现选择"GPM"。值字段并不会影响输出的图像，仅会影响栅格要素所携带的属性，矢量数据可携带多重数据，但是栅格数据仅能携带一个属性。将【输出栅格数据集】修改为想要存储的位置和名称，【像元大小（可选）】会影响输出的栅格大小，可根据需要填写，现填为"5"，点击【确定】，即可在地图中输出"wells"的栅格数据，如图 2-161 至图 2-163 所示。

图 2-161　打开【点转栅格】转换器

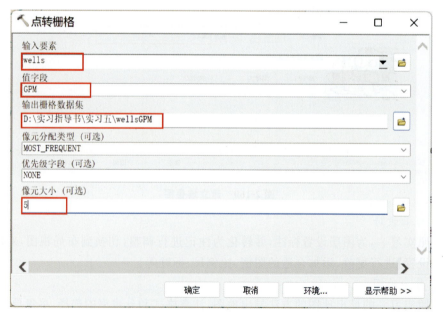

图 2-162　输入要素

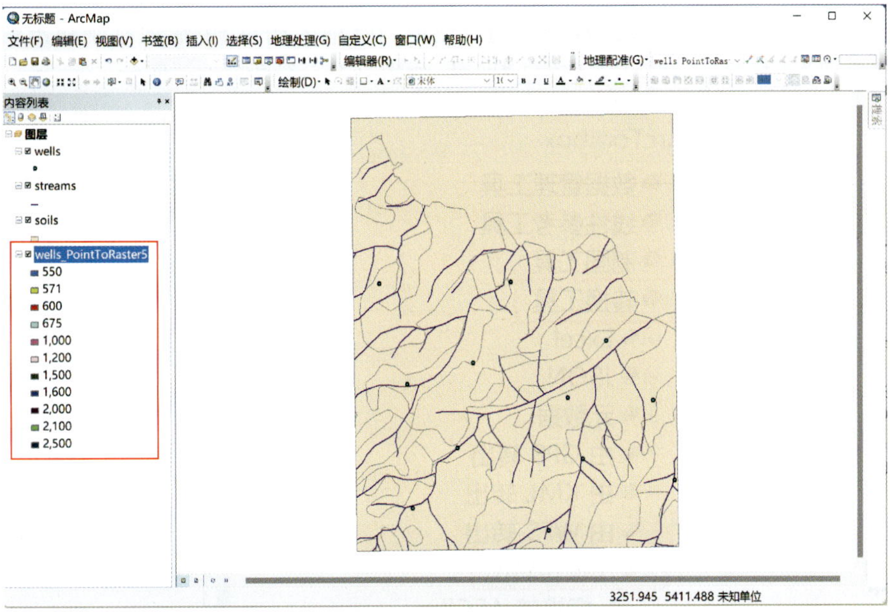

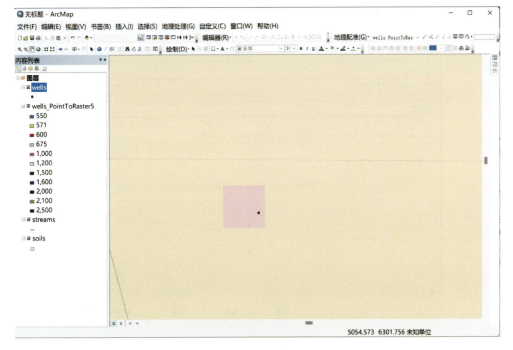

图 2-163　转换完成

注意事项：

转换完成的栅格数据呈正方形，其大小受像元大小影响。由于受到转换规则的影响，部分矢量点未位于栅格数据中央。此外，栅格数据仅携带一个属性，系统会自动以该属性数据进行符号标注，如图 2-164 所示。

图 2-164　转换效果

栅格数据也可以转换为矢量数据。点击，打开工具箱，点击【转换工具】→【由栅格转出】→【栅格转点】，打开【栅格转点】对话框，在【输入栅格】中输入刚刚输出的栅格数据，【字段】选择"Value"，点击【确定】即可，如图 2-165 至图 2-167 所示。

图 2-165　打开【栅格转点】工具

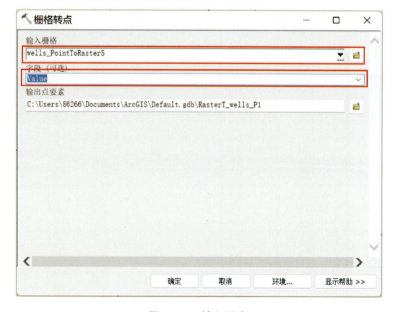

图 2-166　输入要素

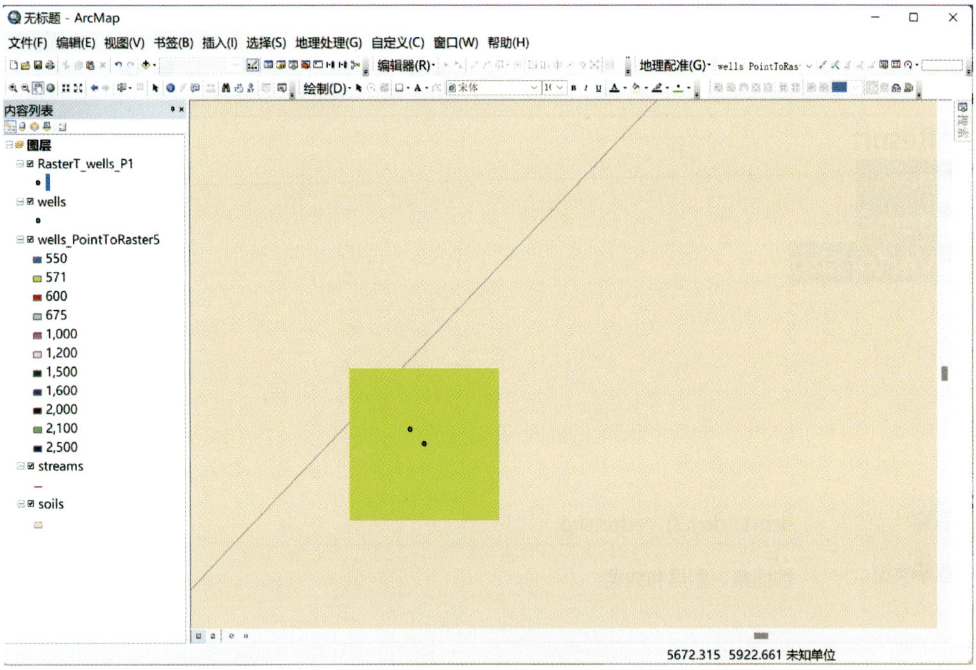

第二部分　ArcGIS 上机实习　101

图 2-167　转换结果

2. 按照矢量数据提取栅格数据

ArcMap 具有利用矢量数据的边界直接提取栅格数据的功能，我们可利用此功能提取区域的遥感影像。打开 ArcMap 软件，新建空白文档，点击【添加数据】，添加"dem1""dem2"和"Vector.shp"文件，地图中现有两张栅格数据图层，需要将其进行合并，如图 2-168、图 2-169 所示。先右击其中一个栅格数据图层，在弹出的菜单栏中选择【属性】，打开【图层属性】对话框，选择【源】选项卡，查看数据源的栅格信息，找到【像素类型】和【像素深度】，分别为"有符号整型"和"16 位"，如图 2-170 所示。点击菜单栏的工具箱，打开【ArcToolbox】工具集，点击【数据管理工具】→【栅格】→【栅格数据集】→【镶嵌至新栅格】，打开【镶嵌至新栅格】对话框，在【输入栅格】中输入"dem1"和"dem2"，在【输出位置】设置输出的位置，将【具有扩展名的栅格数据集名称】修改为"DEM.img"，【像素类型（可选）】选择【16_BIT_SIGNED】，【波段数】填为"1"，点击【确定】，即可输出完整栅格数据，如图 2-171 至图 2-173 所示。

仅勾选新输出的栅格数据和矢量数据，点击菜单栏中的【选择】→【按属性选择】，弹出【按属性选择】对话框，输入""NAME"='白水县'"，将白水县勾选出来，再导出数据形成新的白水县图层，如图 2-174 至图 2-176 所示。打开【ArcToolbox】工具集，点击【Spatial Analyst 工具】→【提取分析】→【按掩膜提取】，打开【按掩膜提取】对话框，在【输入栅格】中输入新合成的栅格数据，在【输入栅格数据或要素掩膜数据】中输入导出的白水县矢量数据，点击【确定】即可将白水县的栅格数据提取出来，如图 2-177 至图 2-179 所示。

图 2-168　添加新数据

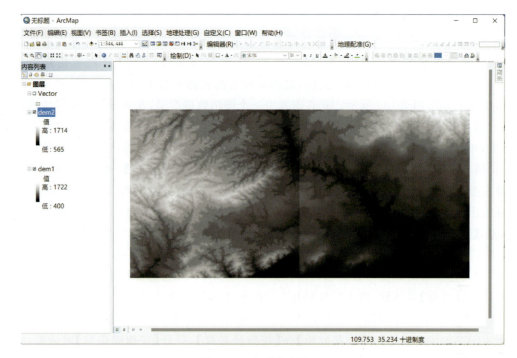

图 2-169　栅格数据图层

图 2-170　查看数据源的栅格信息

图 2-171　工具箱

图 2-172　输入要素

图 2-173　合并栅格数据

图 2-174　按属性选择

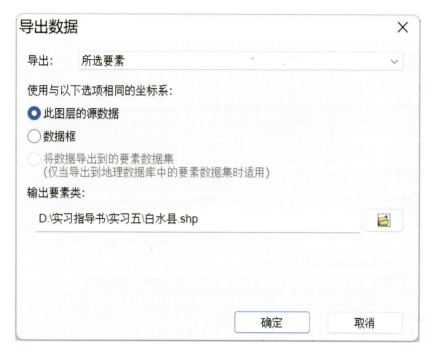

图 2-175　导出数据

图 2-176　导出数据效果

图 2-177　打开【按掩膜提取】工具

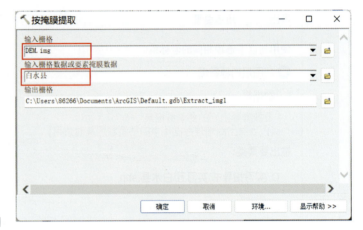

图 2-178　输入要素

图 2-179　按掩膜提取结果

实习六　山地度假酒店选址

（一）实习目的

（1）了解栅格数据结构,学会处理栅格数据。
（2）了解地形图、DEM、TIN 数据。
（3）掌握空间分析的建模与流程,会用 GIS 解决实际问题。
（4）熟悉 ArcGIS 常用空间分析功能,掌握缓冲区分析、叠加分析、坡度分析等操作,能够解决类似选址问题。

（二）实习要求

（1）学会统计各个地层中分布的滑坡点的数目。
（2）参照实习步骤,处理栅格数据并进行空间分析,熟悉 GIS 基本的空间分析工具,确定区域度假酒店的最佳选址。

（三）实习成果

（1）制作坡度分析图、坡向分析图、水系缓冲区等专题要素分布图。
（2）制作山地度假酒店选址分布图。

（四）实习步骤

ArcToolbox 工具集把 ArcGIS 桌面端许多功能分门别类存放在不同工具箱中,可以完成 3D 分析、空间分析、数据转换、数据管理和空间分析统计等一系列功能。其最大特点和优势就是提供易懂的对话框,用户可以根据自己的需要查找、管理和执行各类工具。在 ArcMap 中,【ArcToolbox】工具集在默认的情况下是不显示的,这时需要单击软件界面上的 ArcToolbox 窗口按钮 ,就可以打开 ArcToolbox 窗口。

需要注意的一点是部分时候工具集显示功能并不齐全,此时需要在菜单栏中点击【自定义】→【扩展模块】,在【扩展模块】对话框中勾选全部的模块,以保证顺利使用 ArcToolbox。

ArcToolbox 的空间处理工具条目众多、功能丰富。为了便于管理和使用,一些功能接近或属于同一种类型的工具被集合在一起,形成工具的集合,这样的集合被称为工具集。按照功能和类型的不同,主要分为十八个工具集。

在操作过程中常用到的几个工具集包括：①3D Analyst 工具。3D Analyst 工具主要包括转换、栅格修补、栅格计算、栅格重分类、数据管理等工具集。使用 3D Analyst 工具可以创建、修改 TIN 和栅格表面,并从中抽象出相关信息,还可以实现 3D 要素分析等各种功能。②分析工具。分析工具包括叠加分析、提取分析、统计分析和邻域分析等工具集。针对所有类型的矢量数据,分析工具提供了一整套方法来运行多种地理处理框架,如选择、裁剪、相交、联合、拆分、频数、汇总统计数据等。③制图工具。制图工具用得比较多的是掩膜工具集。包括交叉图层掩膜、死胡同掩膜、要素轮廓线掩膜三种掩膜工具。制图工具与 ArcGIS 中其他大多数工具有着明显的目的性差异,它是根据特定的制图标准来设计的。④转换工具。转换工具包含了一系列用于不同数据格式之间互相转换的工具,涉及的数据格式主要有栅格数据、Shapefile、Coverage、Geodatabase、CAD 等。转换工具主要有由栅格转出、转换为 CAD、转换为 Coverage、转换为栅格、转换为 Shapefile 等。⑤数据管理工具。数据管理工具包括数据库、分离编辑、值域、要素类、要素、字段、索引、投影和变换、拓扑等工具集。数据管理工具提供了丰富且种类繁多的工具来管理和维护要素类、数据集、图层及栅格数据结构。

1. 加载数据

启动 ArcMap,新建空白地图文档,在工具条上单击 按钮,打开【添加数据】对话框,将"等高线.shp"数据加载到地图上,点击【确定】。

2. 创建 TIN

单击 按钮,打开【ArcToolbox】工具集,在下拉菜单中依次点击【3D Analyst 工具】→【数据管理】→【TIN】→【创建 TIN】,弹出【创建 TIN】对话框,在【输出 TIN】中修改输出文件的保存位置,并将文件命名为"tin",【输入要素类(可选)】选择"等高线",点击【确定】,生成的 TIN 文件会自动加载到内容列表中,如图 2-180、图 2-181 所示。

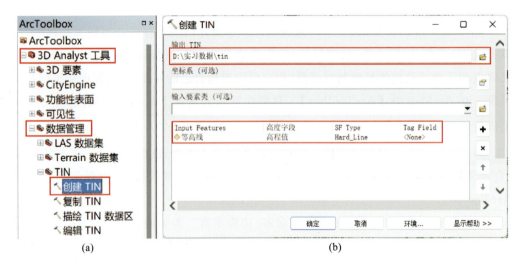

图 2-180　创建 TIN

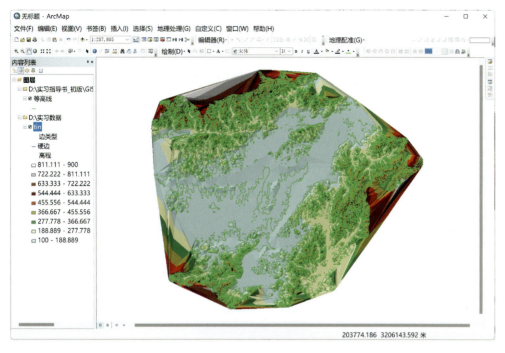

图 2-181　生成 TIN 文件

3. 生成 DEM

单击 按钮，打开【ArcToolbox】工具集，在下拉菜单中依次点击【3D Analyst 工具】→【转换】→【由 TIN 转出】→【TIN 转栅格】，弹出【TIN 转栅格】对话框，【输入 TIN】选择上一步生成的"tin"文件，【输出栅格】为默认位置，点击【确定】，生成的 DEM 文件会自动加载到内容列表中，颜色越深的地方表示高程值越低，如图 2-182、图 2-183 所示。

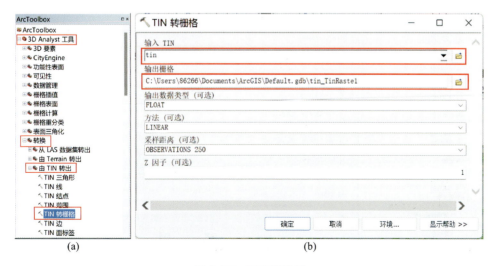

(a)　　　　　　　　　　　　　　　(b)

图 2-182　TIN 转栅格

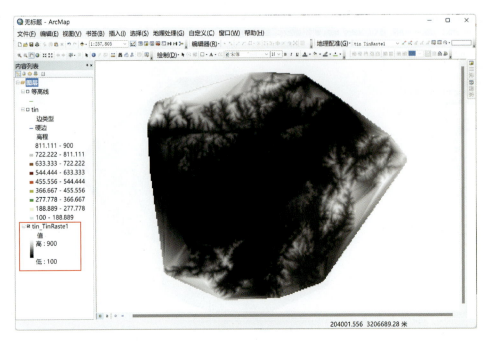

图 2-183　生成栅格

4. 单因子分析——基于海拔

点击 按钮，打开【ArcToolbox】工具集，在下拉菜单中依次点击【Spatial Analyst 工具】→【重分类】，在【重分类】下找到【重分类】并双击，弹出【重分类】对话框，【输入栅格】选择等高线生成的栅格文件，点击【分类】，在【分类】对话框中通过修改【类别】和【中断值】进行重分类，点击【确定】，返回【重分类】页面后通过修改【新值】进行赋分，如图 2-184 至图 2-186 所示。

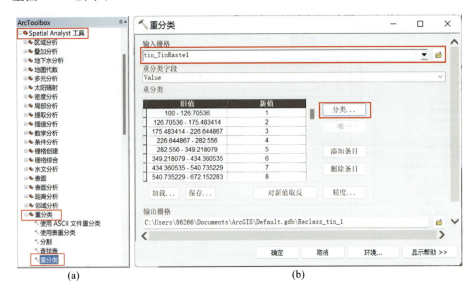

(a)　　　　　　　　　　　　　　(b)

图 2-184　找到重分类

第二部分　ArcGIS 上机实习

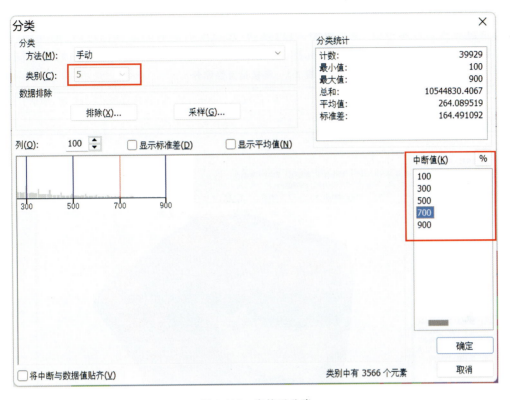

图 2-185　海拔重分类

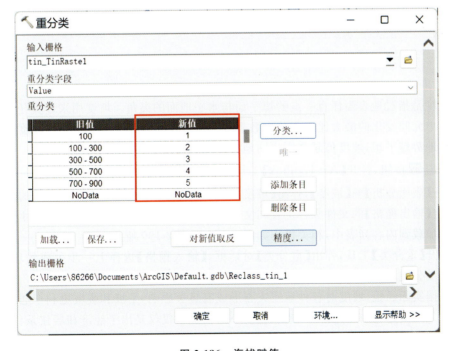

图 2-186　海拔赋值

度假酒店的选址应根据其海拔、气温、气候等方面的特点,以及其避暑功能和景观观赏位置等条件来考虑,基本遵循"海拔越高,建造度假酒店的适宜性越高"的原则,建立如表2-1所示的重分类和赋分标准。如图2-187所示,不同颜色的区域适宜性不同。

表2-1 海拔适宜性评分

海拔	<300米,较适宜区	300~500米,适宜区	500~700米,较适宜区	>700米,最适宜区
适宜性分值	2	3	4	5

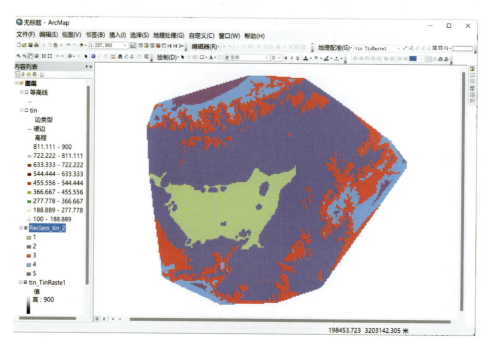

图2-187 海拔适宜性分析

5. 单因子分析——基于坡度

坡度是指过地表面任意一点的切平面与水平地面的夹角。坡度用来计算任一单元与邻域单元间变化的最大比率。输出数据的每一个单元都有一个坡度值,坡度值越低则表明地势越平坦,坡度值越高则表明地势越陡峭。

单击 按钮,打开【ArcToolbox】工具集,在下拉菜单中依次点击【Spatial Analyst 工具】→【表面分析】→【坡度】,弹出【坡度】对话框,【输入栅格】选等高线生成的栅格文件,指定【输出栅格】的文件保存位置和文件名称,点击【确定】,完成操作,自动生成的坡度图会加载到内容列表中,相关操作如图2-188至图2-190所示。

打开【重分类】工具,弹出【重分类】对话框,【输入栅格】选择上一步生成的坡度图,并进行重分类和赋值,如图2-191至图2-193所示。

根据实际经验,坡度对各种地质灾害形成有显著影响,平坡和缓坡更利于居住和工程施工。尤其是在山地地形中,选取坡度小的位置不仅仅是出于经济和居住条件考虑,更重要的是山区工程需要避开地质灾害高危区。因此,坡度大小与适宜性呈负相关,但考虑到排水问题,故将缓坡地列为最优区域。所以,按照如表2-2所示的标准进行重分类和赋分。

图 2-188　坡度分析命令

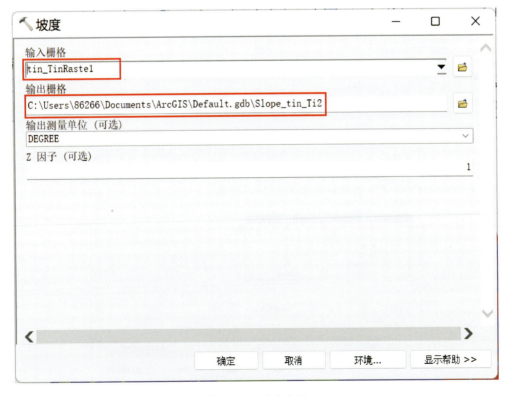

图 2-189　坡度分析

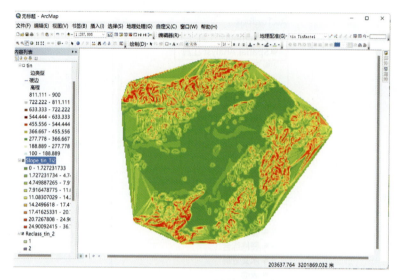

图 2-190 生成坡度图

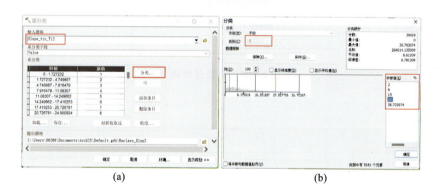

(a)　　　　　　　　　　　　　　(b)

图 2-191 坡度重分类

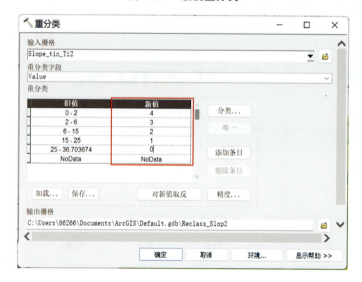

图 2-192 坡度赋分

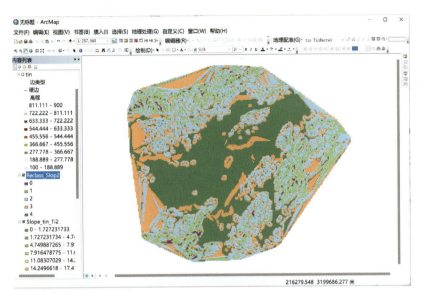

图 2-193 坡度适宜性分析

表 2-2 坡度适宜性评分

坡度	<2°	2°~6°	6°~15°	15°~25°	>25°
适宜性分值	4	5	3	1	0

6. 单因子分析——基于坡向

单击 按钮，打开【ArcToolbox】工具集，在下拉菜单中依次点击【Spatial Analyst 工具】→【表面分析】→【坡向】，弹出【坡向】对话框，【输入栅格】选择等高线生成的栅格文件，点击【确定】，自动生成的坡向图会加载至内容列表中，如图 2-194 所示。

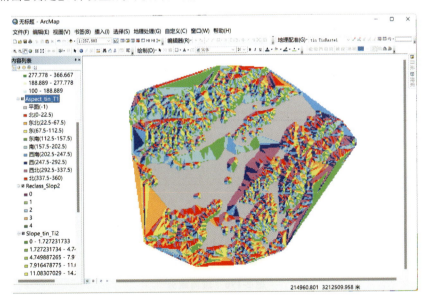

图 2-194 生成坡向图

打开【重分类】工具,弹出【重分类】对话框,【输入栅格】选择上一步生成的坡向图,进行重分类和赋分,如图 2-195 至图 2-197 所示。

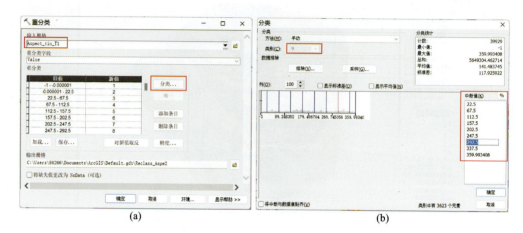

(a)　　　　　　　　　　　　　　　(b)

图 2-195　重分类

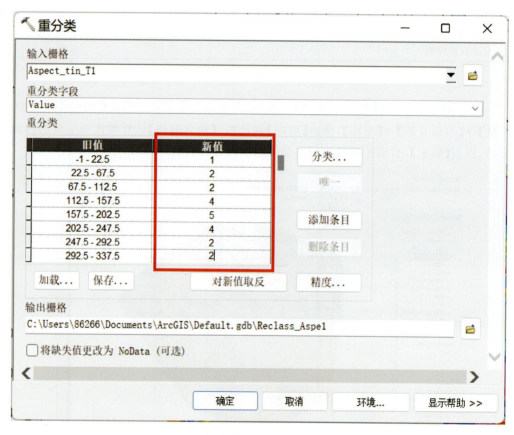

图 2-196　坡向赋分

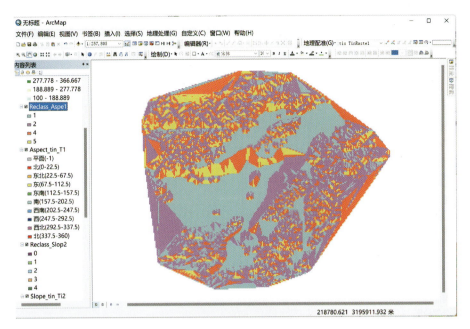

图 2-197 坡向适宜性分析

坡向是指坡面法线在水平面上的投影的方向,即生活中常说的"南坡""南面"。对于山地地形而言,坡向对气温、降水、日照、风速以及生物分布都有很大影响。图层选址位于我国东部季风区,所处纬度在北回归线以北,因此南坡、东南坡、西南坡为阳坡和夏季迎风坡,从而可以获得更多日照和夏季降水,在冬季则可以减少受到北方南下的干冷空气的影响,从而拥有更好的气候环境。因此,结合北半球的日照特点以及我国东部季风的特点,按照如表 2-3 所示的标准对不同坡向赋以不同适宜性分值。

表 2-3 坡向适宜性评分

坡向	南坡	东南坡、西南坡	东坡、西坡、东北坡、西北坡	北坡
适宜性分值	5	4	2	1

7. 单因子分析——基于交通

交通是影响度假酒店选址的重要因素,通达性对度假酒店未来的经营有很大影响。特别是在山区,当出现滑坡、急症等意外情况时,如能够尽快让山区内外取得联系,保障交通通畅,则可以显著减小甚至完全避免意外事故造成的损失。所以,度假酒店的选址需要虑到交通要素。

点击 按钮,出现【添加数据】对话框,将"公路.shp"加载到地图中,单击 按钮,打开【ArcToolbox】工具集,在下拉菜单中依次点击【分析工具】→【邻域分析】→【多环缓冲区】,弹出【多环缓冲区】对话框,【输入要素】选择"公路",以距离道路的直线距离为标准,在【距离】文本框中设置缓冲距离,输入距离后,单击 按钮,可将其提交到距离列表中,可多次输入缓冲距离,建立＜400 米、400～800 米、800～1200 米、1200～

1600 米、1600～2000 米五级缓冲区，方便后续按照标准赋分，如图 2-198 至图 2-200 所示。多环缓冲区是指在输入要素周围指定不同的距离创建缓冲区，从而形成多环缓冲区。

图 2-198　打开多环缓冲区

图 2-199　建立多环缓冲区

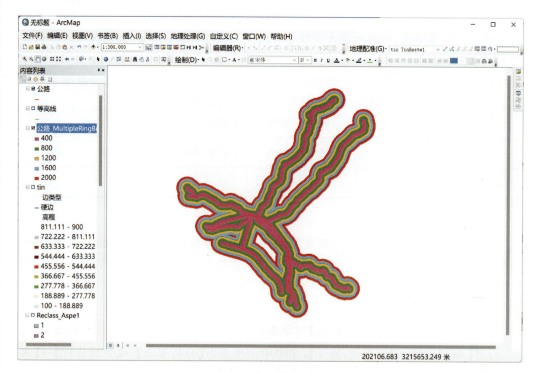

图 2-200　生成多环缓冲区

单击 按钮，打开【ArcToolbox】工具集，在下拉菜单中依次点击【转换工具】→【转为栅格】→【要素转栅格】，弹出【要素转栅格】对话框，【输入要素】选择上一步生成的公路缓冲区，【字段】选择"distance"，【输出像元大小（可选）】填写"100"，点击【确定】，生成的栅格文件会自动加载到内容列表中，如图 2-201 至图 2-203 所示。

图 2-201　找到要素转栅格工具

图 2-202　要素转栅格

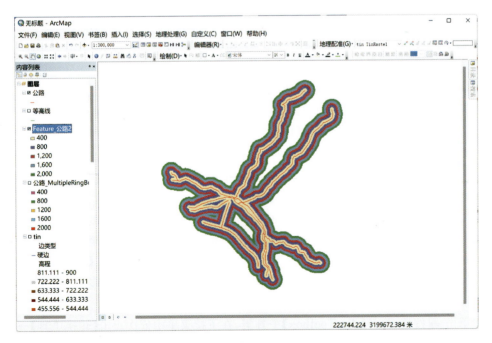

图 2-203　生成缓冲区栅格图

打开【重分类】工具,弹出【重分类】对话框,【输入栅格】选择上一步生成的栅格图,并按如表 2-4 所示的标准进行重分类和赋分,将文件名修改为"Relass_road",如图 2-204 所示。

表 2-4 交通适宜性评分

距公路距离	<400 米	400~800 米	800~1200 米	1200~1600 米	1600~2000 米
适宜性分值	5	4	3	2	1

图 2-204 公路适宜性分析

8. 单因子分析——基于水域

河流和湖泊是度假酒店经营主要用水来源。水资源是一种重要的资源,水域可以拓展开发多种滨水游憩项目,如垂钓、游泳等,此外,湍流本身也是一种令人愉悦的自然景观。因此,根据与水域的距离,可以建立水域多环缓冲区。

单击 按钮,打开【添加数据】对话框,将"湖泊.shp"加载到地图中,单击 按钮,打开【ArcToolbox】工具集,在下拉菜单中依次点击【分析工具】→【邻域分析】→【多环缓冲区】,弹出【多环缓冲区】对话框,【输入要素】选择"湖泊",以距离湖泊的直线距离为标准,建立缓冲区,距离分别设置为 250、500、750 和 1000。以同样的方法,在地图中添加"河流.shp"图层,生成河流的多环缓冲区。相关操作如图 2-205 至图 2-207 所示。

在菜单栏找到【地理处理】→【联合】,双击,打开【联合】对话框,在【输入要素】中选择河流和湖泊生成的多环缓冲区,点击【确定】,生成联合之后的水域多环缓冲区,如图 2-208、图 2-209 所示。

单击 按钮,打开【ArcToolbox】工具集,在下拉菜单中依次点击【转换工具】→【转为栅格】→【要素转栅格】,弹出【要素转栅格】对话框,【输入要素】选择上一步生成的水域多环缓冲区,点击【确定】,生成的栅格图会自动加载到内容列表中,如图 2-210、图 2-211 所示。

图 2-205　建立多环缓冲区

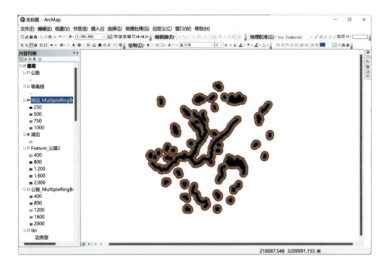

图 2-206　生成湖泊多环缓冲区

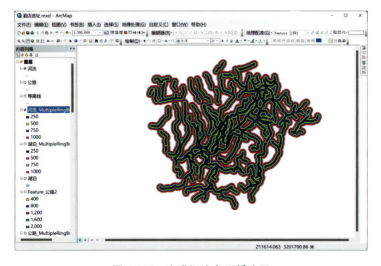

图 2-207　生成河流多环缓冲区

图 2-208　联合工具

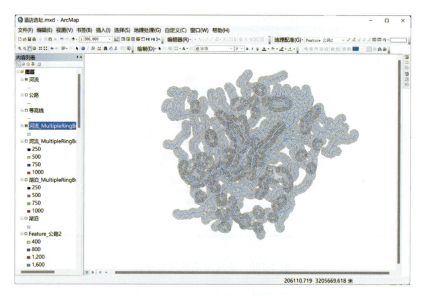

图 2-209　生成水域多环缓冲区

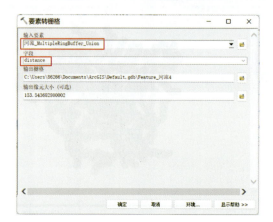

图 2-210　要素转栅格

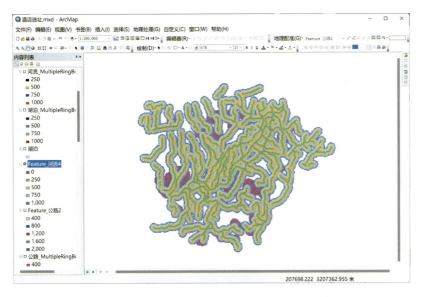

图 2-211　水域多环缓冲区栅格图

打开【重分类】工具,弹出【重分类】对话框,【输入栅格】选择上一步生成的栅格图,并按如表 2-5 所示的标准进行重分类和赋分,相关操作如图 2-212、图 2-213 所示。

表 2-5　水域适宜性评分

距水域距离	0 米	0～250 米	250～500 米	500～750 米	750～1000 米
适宜性分值	5	4	3	2	1

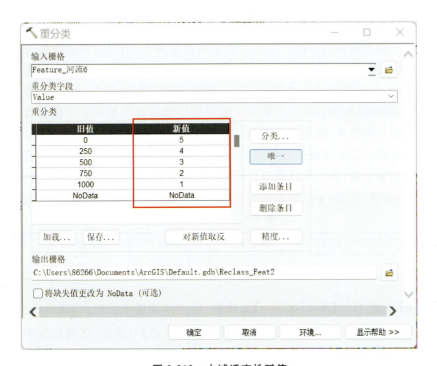

图 2-212　水域适宜性赋值

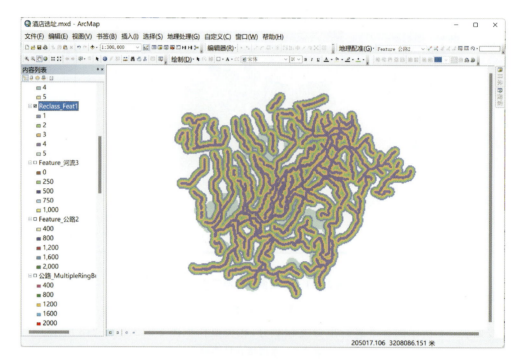

图 2-213 水域适宜性分析

9. 叠加分析

单因素空间分析只能反映某一项地理信息,在解决实际问题时往往需要对多个因素进行评价,因此,需要使用叠加分析将多个因素结合起来。叠加分析是地理信息系统提取空间隐含信息的常用手段。在统一的空间参考系下,通过对多组数据进行一系列集合运算,从而产生新的、满足任务需要的数据。针对矢量数据和栅格数据有着不同的叠加分析方法,矢量数据的叠加分析方法有擦除、相交、联合、标识、更新、交集取反和空间连接七种;而栅格数据的叠加分析则主要是利用栅格计算器对多个栅格数据进行线性或非线性的代数计算,这里使用栅格计算器进行栅格数据的叠加分析。

安全是旅游活动应考虑的首要问题,其次,因为县域经济不发达,所以将工程成本作为第二项衡量标准,最后考虑景观价值和宜居性,因此,赋予坡度因素最高、交通因素第二的权重,海拔、坡向、水域分列其后。具体权重见表 2-6。

表 2-6 评价因素权重

评价因素	海拔	坡度	坡向	交通	水域
权重	0.18	0.30	0.15	0.22	0.15

点击 按钮,打开【ArcToolbox】工具集,在下拉菜单中依次点击【Spatial Analyst 工具】→【地图代数】→【栅格计算器】,弹出【栅格计算器】对话框,在属性框中根据不同因素的不同权重,输入计算公式,点击【确定】,山地度假酒店的适宜区地图会自动加载到内容列表中,如图 2-214 至图 2-216 所示。

图 2-214　找到栅格计算器

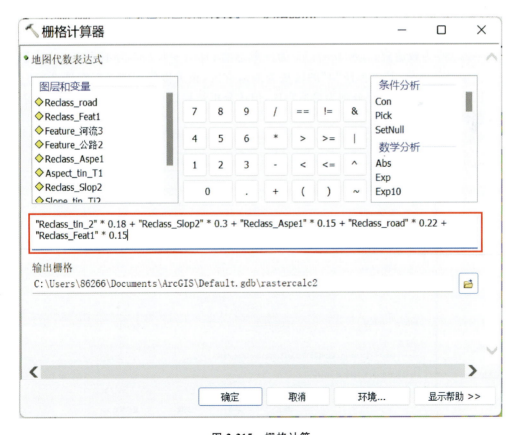

图 2-215　栅格计算

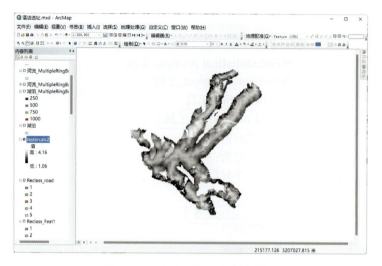

图 2-216　山地度假酒店选址分析

10. 结果分析

根据栅格计算器计算的结果，赋权计算后的适宜性范围为 1.06~4.16。可以采用色带（color ramp）来展示区域的适宜性。

打开【重分类】工具，弹出【重分类】对话框，【输入栅格】选择上一步生成的叠加分析结果图，再次进行重分类。将 1.06~4.16 划分为四个等级：3.385~4.16 为最适宜；2.61~3.385 为较适宜；1.835~2.61 为一般适宜；1.06~1.835 为不适宜。点击【确定】，生成最佳区位，其中标注"4"的区块为最适宜区，相关操作如图 2-217、图 2-218 所示。图 2-219 中圈出的部分则为最适宜区，但该分析结果仅可作为参考，具体选址需根据实际情况具体分析。

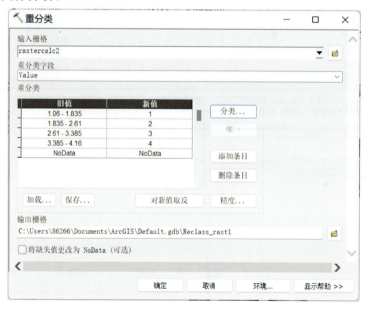

图 2-217　重分类

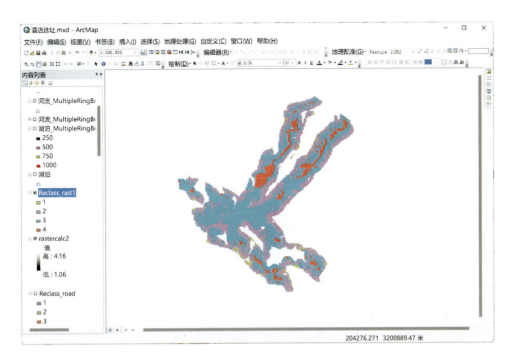

图 2-218　分析结果

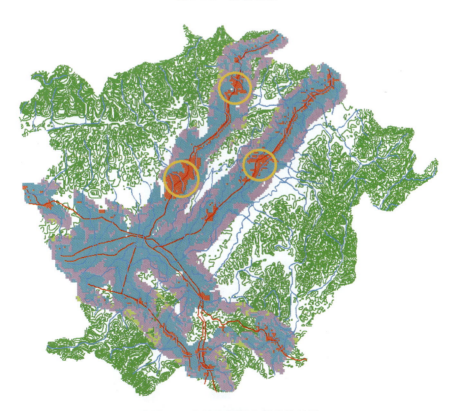

图 2-219　山地度假酒店最佳选址图

11. 地图美化

参照实习一，切换到布局视图，对【页面和打印设置】进行更改，添加合适的图例、比例尺、标题等，如图 2-220 所示。再按照实习一的导出地图的方法导出地图，注意格式和分辨率的选择，尽量导出清晰的地图，导出的地图如图 2-221 所示。

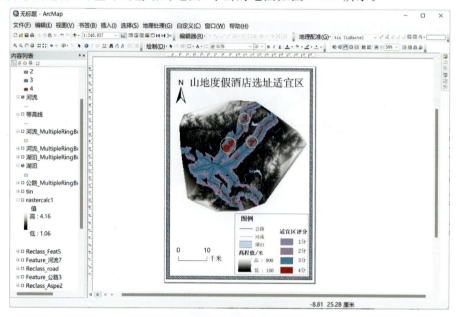

图 2-220　美化效果图

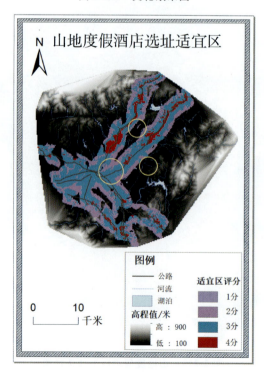

图 2-221　山地度假酒店选址图

(五) 趣味练习

在进行统计分析和空间分析时，通常会涉及缓冲区的建立和图层的叠加分析。要想建立部分要素的缓冲区，则需要使用缓冲向导工具进行分析；图层的相交和擦除可将地图中需要的要素提取出来，同时删除不需要的要素。

1. 部分要素建立缓冲区

选择一个图层中的部分要素建立缓冲区需要利用缓冲向导工具。打开 ArcMap 软件，新建空白地图，点击【添加数据】，在"实习六"文件夹中添加"famous place""Marketplace""school""network""FunctionArea"图层（若提示无空间参考，则可按照第一部分"图层的坐标系定义"的方法定义图层投影坐标系）。点击菜单栏中的【自定义】，选择【自定义模式】，打开【自定义】对话框，在对话框中选择【命令】选项卡，在【类别】中选择"工具"，在【命令】中选择"缓冲向导"，用鼠标点击 并拖拽至菜单栏的任一工具栏中，即可将缓冲向导工具呈现在菜单栏中，如图 2-222、图 2-223 所示。再点击菜单栏中的【选择】，点击【按属性选择】，打开【按属性选择】对话框，在【图层】中选择"network"，【计算函数】填为""TYPE"=' ST '"，点击【确定】即可将主干道选择出来，如图 2-224、图 2-225 所示。点击 ，打开【缓冲向导】工具，勾选【图层中的要素】并选择"network"图层，勾选【仅使用所选要素】，点击【下一页】；勾选【以指定的距离】并将其设置为"100"米，点击【下一页】；在【缓冲区输出类型】中勾选【是】，点击【完成】，即可将围绕主干道周围 100 米的缓冲区标注出来，相关操作如图 2-226 至图 2-229 所示。

图 2-222　打开自定义模式

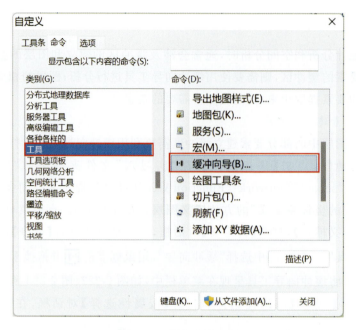

图 2-223　添加向导工具

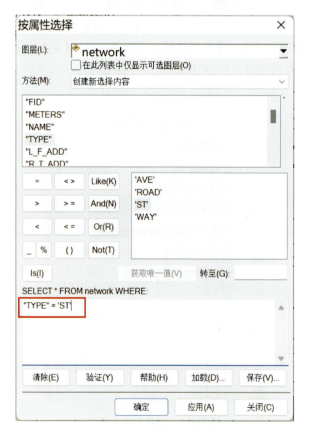

图 2-224　选择主干道(1)

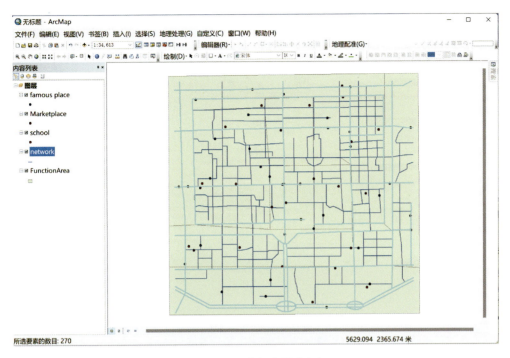

图 2-225 选择主干道(2)

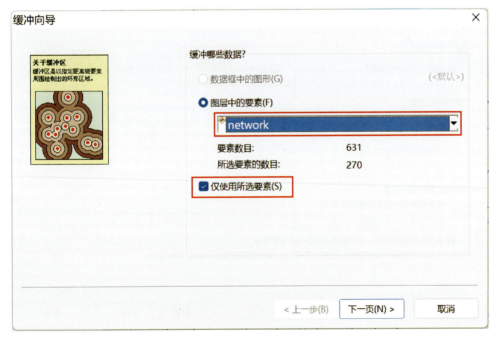

图 2-226 建立主干道缓冲区(1)

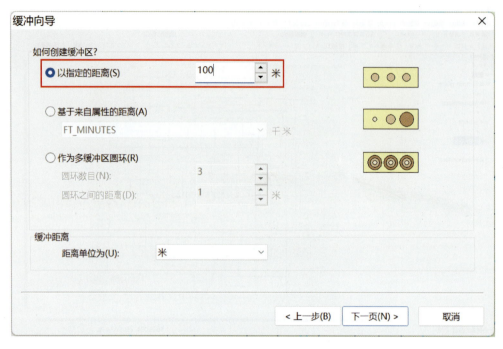

图 2-227　建立主干道缓冲区(2)

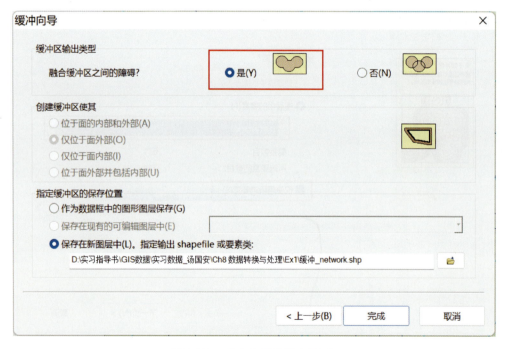

图 2-228　建立主干道缓冲区(3)

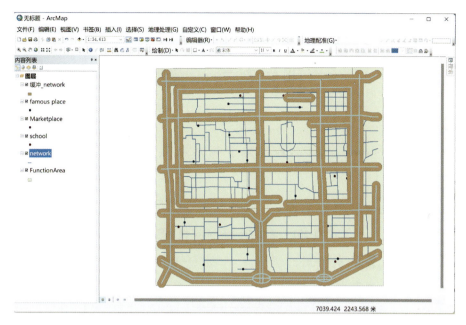

图 2-229 主干道缓冲区效果图

2. 图层相交和擦除

在建立了主干道缓冲区的基础上,可利用缓冲向导工具建立其他要素的缓冲区。点击【H】打开【缓冲向导】工具,勾选【图层中的要素】并选择"famous place"图层,点击【下一页】;勾选【以指定的距离】并设置为"500"米,点击【下一页】;在【缓冲区输出类型】中勾选【是】,点击【完成】,即可生产 famous place 缓冲区,相关操作如图 2-230 至图 2-233 所示。按照这个步骤还可建立"school"和"Marketplace"要素的缓冲区,最终结果如图 2-234 所示。

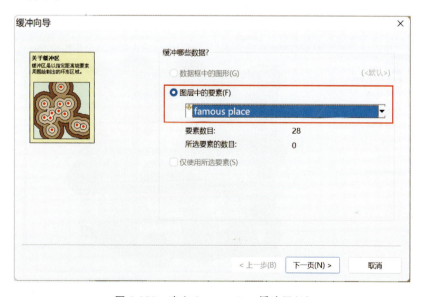

图 2-230 建立 famous place 缓冲区(1)

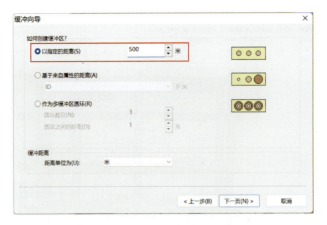

图 2-231　建立 famous place 缓冲区(2)

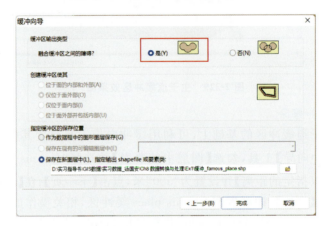

图 2-232　建立 famous place 缓冲区(3)

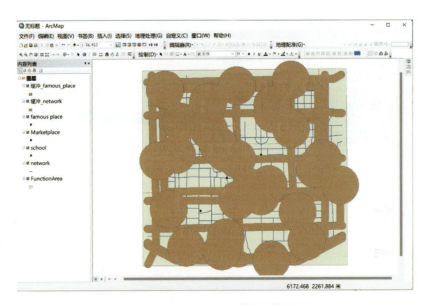

图 2-233　famous place 缓冲区效果图

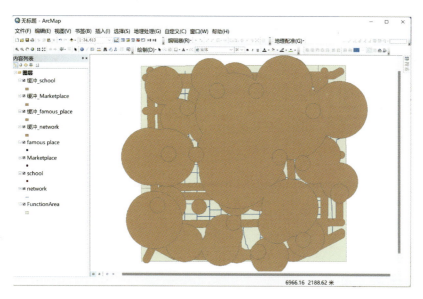

图 2-234　全部缓冲区效果图

打开【ArcToolbox】工具集,选择【分析工具】→【叠加分析】→【相交】,在弹出的对话框中的【要素】中依次输入"缓冲_school""缓冲_Marketplace""缓冲_famous_place"和"FunctionArea",在【输出要素类】中修改文件保存位置和文件名称,点击【确定】即可输出相交的图层,如图 2-235 至图 2-237 所示。再次打开【ArcToolbox】工具集,选择【分析工具】→【叠加分析】→【擦除】,弹出【擦除】对话框,在【输入要素】选择刚刚的分析结果,在【擦除要素】选择主干道的缓冲区,在【输出要素类】中修改文件保存位置和文件名称,点击【确定】即可输出擦除后的图层,相关操作如图 2-238 至图 2-240 所示。

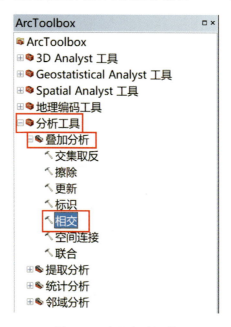

图 2-235　打开相交工具

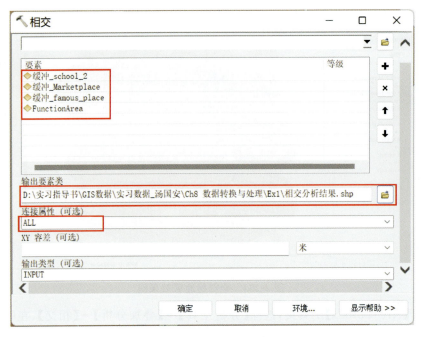

图 2-236 输入相交分析要素

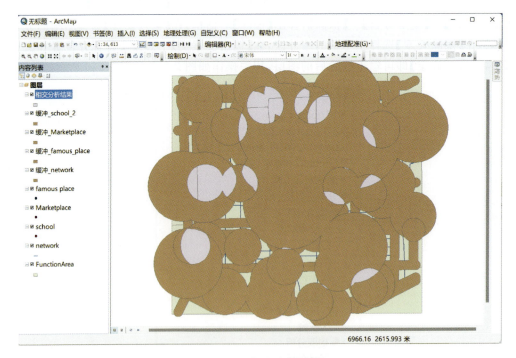

图 2-237 相交分析结果

 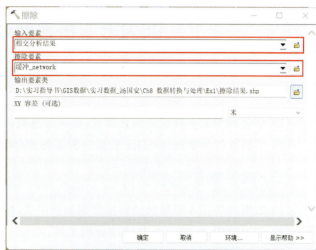

图 2-238　打开擦除工具　　　　图 2-239　输入擦除要素

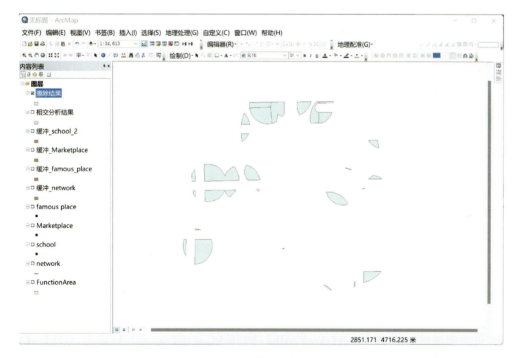

图 2-240　叠加分析结果

实习七 核密度分析

(一) 实习目的

(1) 学会利用文本数据添加点要素,根据矢量数据属性进行数据分析。
(2) 了解并初步掌握 ArcGIS 数据分析工具:空间分析与地理统计分析。

(二) 实习要求

(1) 数据准备:5A 级景区经纬度数据和网络关注度。
(2) 学习使用 ArcGIS 的核密度分析工具。

(三) 实习成果

参照实习步骤制作并输出 5A 级景区网络关注度的核密度图。

(四) 实习步骤

1. 加载数据

启动 ArcMap,新建空白地图文档,在工具条上单击 按钮,打开【添加数据】对话框,将"实习七"文件夹中的"国界线.shp""省界.shp""省(等积投影).shp"和"北京-点.shp"数据加载到地图上,点击【确定】。

2. 添加坐标点

点击菜单栏中的【文件】,选择【添加数据】→【添加 XY 数据】,打开【添加 XY 数据】对话框,在【从地图中选择一个表或浏览到另一个表】中选择"2019.csv"文件,【X 字段】选择"经度",【Y 字段】选择"纬度",【Z 字段】选择"搜索总指数",点击【编辑】,将地理坐标系修改为"Name:MapInfo Generic Lat/Long",点击【确定】即可将景区点添加到地图中,相关操作如图 2-241 所示。右击"2019.csv 个事件",在弹出的菜单中选择【数据】→【导出数据】,在弹出的对话框中修改文件保存位置和文件名称,将文件命名为"5A 级景区",将数据导出并添加到地图中,相关操作如图 2-242 所示。

3. 核密度分析

点击菜单栏中的 ,打开【ArcToolbox】工具集,点击【Spatial Analyst 工具】→【密度分析】→【核密度分析】,弹出【核密度分析】对话框,在【输入点或折线要素】中选择"5A 级景区",在【Population 字段】中选择"搜索总指数",修改【输出栅格】的文件保存位置和文件名称;点击【环境设置】,在【输出坐标系】中选择"与图层 5A 级景区相同",在【处理范围】中选择"与图层省(等积投影)相同",点击【确定】,即可将景区核密度分析图层输入到地图中,相关操作如图 2-243 至图 2-246 所示。

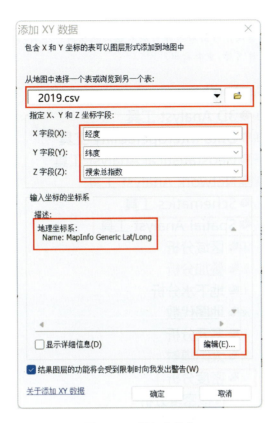

图 2-241　添加坐标点

图 2-242　导出数据

注意事项：

若发现输出的核密度分析图层与源图层未能出现在同一界面，则可保持原输出栅格文件的保存位置和文件名称，重新输出。

图 2-243　打开【核密度分析】工具

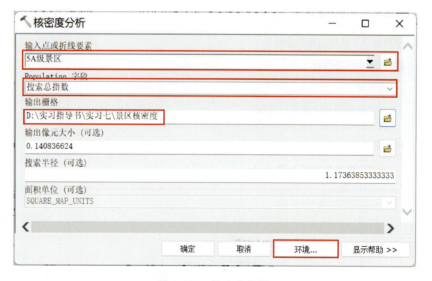

图 2-244　核密度分析

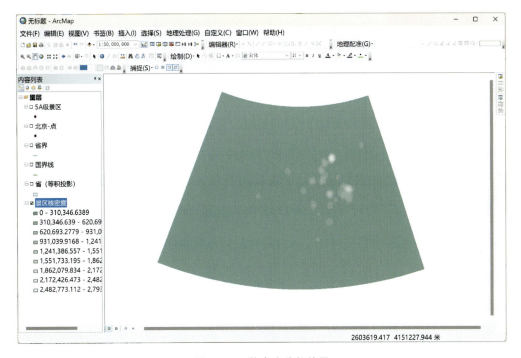

图 2-245　修改处理环境

图 2-246　核密度分析结果

4. 版面设计

右击"景区核密度"图层,在弹出的菜单中点击【属性】,打开【图层属性】对话框,点击【符号系统】→【已分类】,修改【类别】和【色带】,改变核密度分析结果的类别和颜色,将【类别】修改为"5",双击第一类色块并将第一类的颜色修改为"无颜色",其他颜色也可自行修改,点击【标注】以修改五个类别的标注,如图 2-247 所示。

参照实习一,切换到布局视图,对【页面和打印设置】进行更改,添加合适的图例、比例尺、标题等,对地图进行美化,如图 2-248 所示。

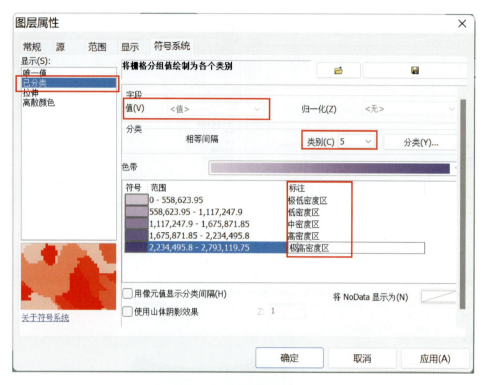

图 2-247 修改类别和色带

5. 导出地图

按照实习一的导出地图的方法导出地图,注意格式和分辨率的选择,尽量导出清晰的地图,最终效果可参照教学视频。

(五) 趣味练习

核密度分析是进行空间统计分析的有效工具,能直观呈现出数据在空间上的分布情况,除了能进行数据分析,还可以进行要素密度分析,即点密度、线密度的分析。此外,要想对数据分析结果进行解读,通常会进行区域的划分,此时就需要进行特定线要素的编辑,如胡焕庸线的编辑,以方便进行数据分析。

1. 点密度分析

在核密度分析结果的基础上,点击 打开【ArcToolbox】工具集,点击【Spatial Analyst 工具】→【密度分析】→【点密度分析】,打开【点密度分析】对话框,在【输入点要素】中选择"5A 级景区",在【Population 字段】中选择"Shape. Z",修改【输出像元大小(可选)】以改变输出图层的大小;点击【环境设置】,将【输出坐标系】修改为"与图层 5A 级景区相同",【处理范围】修改为"与图层省(等积投影)相同",点击【确定】,即可将点密度分析图层输入地图,相关操作如图 2-249 至图 2-251 所示。

右击点密度分析结果图层,在弹出的菜单栏中点击【属性】,打开【图层属性】对话框,点击【符号系统】→【已分类】,修改【类别】和【色带】,改变点密度分析结果的类别和

图 2-248　修改结果

图 2-249　打开【点密度分析】工具

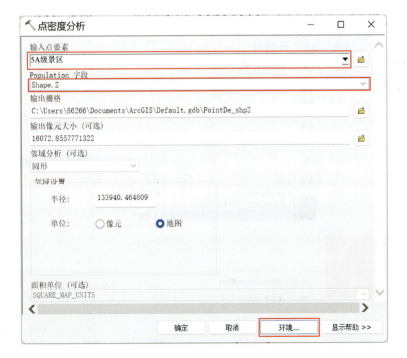

图 2-250　点密度分析

图 2-251　分析结果

颜色，将【类别】修改为"3"，双击第一类色块并将第一类的颜色修改为"无颜色"，其他颜色也可自行修改，点击【标注】以修改三个类别的标注，相关操作如图 2-252 所示。

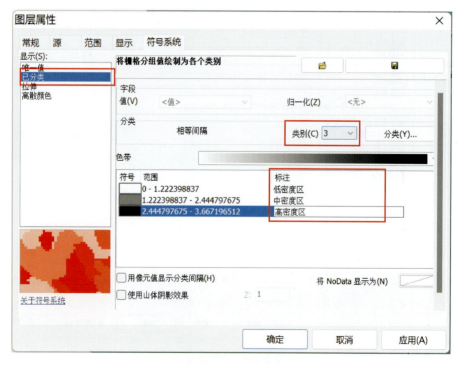

图 2-252　修改要素

按照该分析过程，也可进行线密度分析。

在【图层属性】对话框中点击【符号系统】，选择【分类】可更改分类方法、修改中断值，如图 2-253 所示。

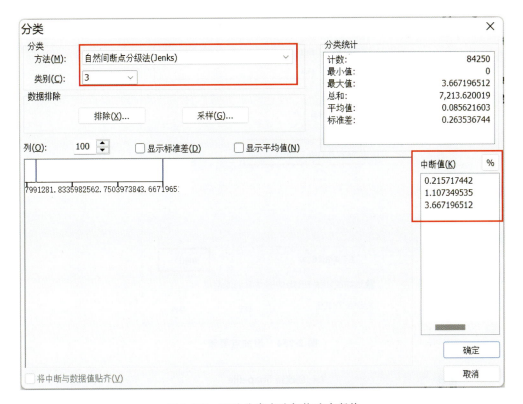

图 2-253　更改分类方法与修改中断值

2. 胡焕庸线绘制

（1）搜集数据。

要想添加胡焕庸线，需设置绘制胡焕庸线的数据。因胡焕庸线又名"黑河—腾冲"线，即该线为黑河和腾冲这两点的连线，所以首先应搜集黑河和腾冲的经纬度坐标，输入表格中，并保存为".csv"格式。

（2）添加点。

打开核密度分析图层，点击菜单栏中的【文件】，选择【添加数据】→【添加 XY 数据】，打开【添加 XY 数据】对话框，在【从地图种选择一个表或浏览到另一个表】中选择"胡焕庸线.csv"文件，【X 字段】选择"经度"，【Y 字段】选择"纬度"；点击【编辑】，将坐标系修改为"Name：MapInfo Generic Lat/Long"，点击【确定】即可将黑河和腾冲的点添加到地图中，如图 2-254 所示。

（3）添加线要素。

打开【目录】，按照实习三中新建图层的方式新建"胡焕庸线.shp"图层，打开【编辑器】，在【编辑器】中打开【捕捉】工具，仅选择点捕捉工具，将黑河、腾冲两点连接在一起，并在黑河—腾冲连接线两端画两条辅助线，如图 2-255 至图 2-259 所示。

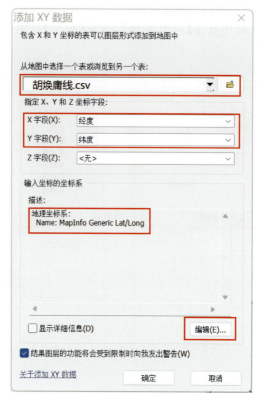

图 2-254　添加点要素

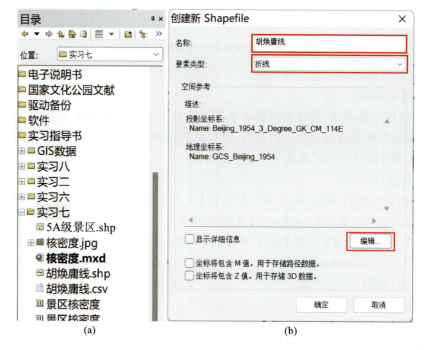

(a)　　　　　　　　　　　　　　　(b)

图 2-255　创建图层

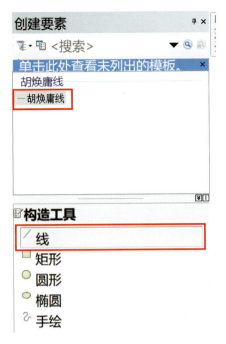

图 2-256 选择线要素

图 2-257 打开【捕捉】工具

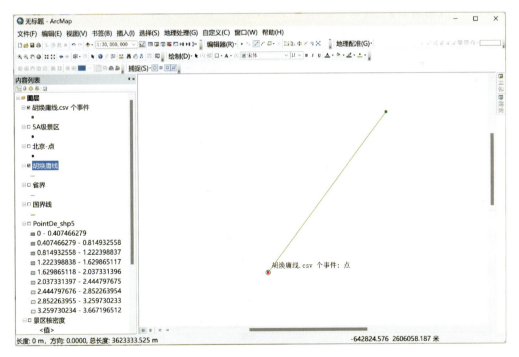

图 2-258 创建线要素

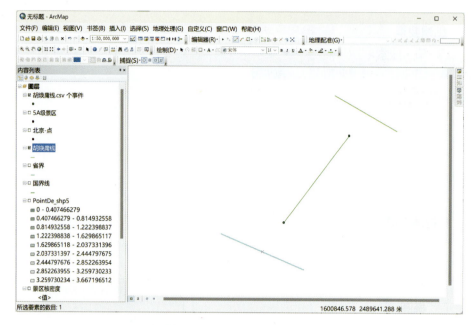

图 2-259　绘制两条辅助线

（4）延长线。

点击菜单栏的【自定义】中的【工具栏】，选择【高级编辑】并勾选，以打开【高级编辑】工具条。在【编辑器】工具条中选择▶工具，鼠标点击选择其中一条辅助线，在【高级编辑】工具条中选择【延伸工具】，然后用鼠标点击黑河—腾冲线，将其延伸至辅助线位置，用同样的方式将另一端进行延伸。完成延伸后将两条辅助线删除掉，然后停止编辑、相关操作如图 2-260 至图 2-264 所示。

图 2-260　打开【高级编辑】工具条

图 2-261　选择延伸工具

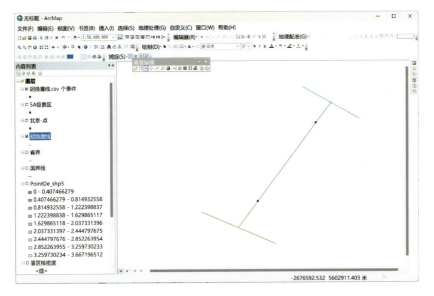

图 2-262　绘制延长线

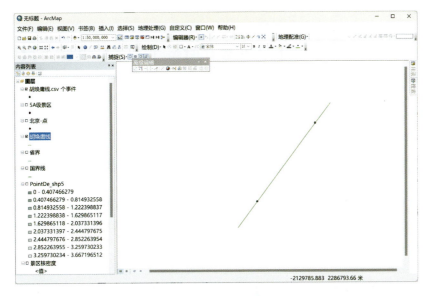

图 2-263　删除辅助线

实习八　标准差椭圆与平均中心分析

（一）实习目的

（1）学会利用矢量数据属性进行标准差椭圆分析和平均中心分析。
（2）学会拼接多个地图。

（二）实习要求

（1）数据准备：5A级景区的网络关注度数据。
（2）了解标准差椭圆分析结果的意义。

（三）实习成果

参照实习步骤制作并输出5A级景区2019年网络关注度的标准差椭圆分析结果图。

（四）实习步骤

1. 添加数据

启动ArcMap，新建空白地图文档，在工具条上单击 ✚· 按钮，打开【添加数据】对话框，将"实习八"文件夹中的"国界线.shp""省（等积投影）.shp"和"省界.shp"，以及"实习七"文件夹中的"5A级景区.shp"数据（实习七中自行导出的数据）加载到地图上，点击【确定】。

2. 标准差椭圆分析

在核密度分析结果的基础上，点击 🔶 打开【ArcToolbox】工具集，点击【空间统计工具】→【度量地理分布】→【方向分布（标准差椭圆）】，打开【方向分布（标准差椭圆）】对话框，【输入要素类】选择"5A级景区"，在【输出椭圆要素类】中修改输出结果的保存位置和名称，修改【椭圆大小】以改变输出图层的大小，在【权重字段（可选）】中选择"搜索总指数"；点击【环境设置】，将【输出坐标系】和【处理范围】修改为"与图层省（等积投影）相同"，点击【确定】，即可将标准差椭圆分析图层输入到地图中，如图2-264至图2-266所示。

双击"标准差椭圆"下面的符号，即可快速打开【符号选择器】，在该对话框中可初步修改图层的【填充颜色】、【轮廓宽度】、【轮廓颜色】，点击【编辑符号】可深度修改轮廓形状、密度等，相关操作如图2-267、图2-268所示。

3. 平均中心分析

再次点击 🔶 打开【ArcToolbox】工具集，点击【空间统计工具】→【度量地理分布】→【平均中心】，打开【平均中心】对话框，在【输入要素类】中选择"5A级景区"，在【输出

图 2-264　打开【方向分布(标准差椭圆)】工具

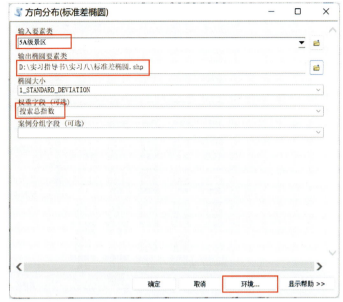

图 2-265　修改要素

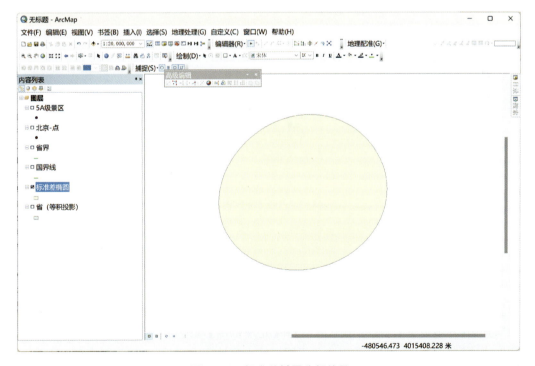

图 2-266　标准差椭圆分析结果

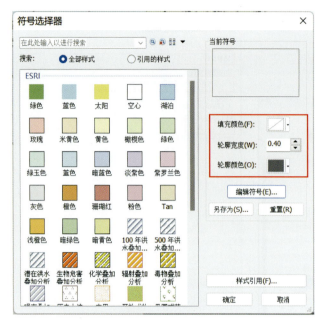

图 2-267　编辑符号

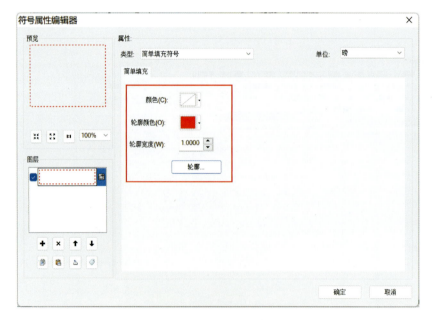

图 2-268　修改符号轮廓形状

要素类】中修改输出结果的保存位置和名称,在【权重字段(可选)】中选择"搜索总指数",点击【环境设置】,将【输出坐标系】和【处理范围】修改为"与图层省(等积投影)相同",点击【确定】,即可将平均中心分析图层输入到地图中,如图 2-269、图 2-270 所示。

　　双击"平均中心"下面的符号,即可快速打开【符号选择器】,在该对话框中可初步修改符号的【颜色】、【大小】、【角度】,如图 2-271 所示。

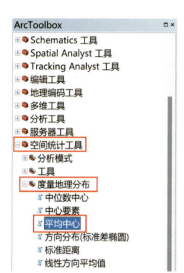

图 2-269　打开【平均中心】工具

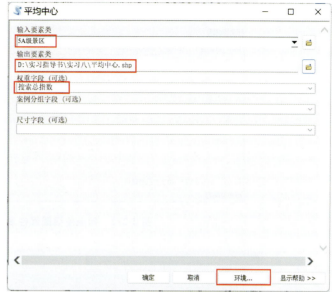

图 2-270　修改要素

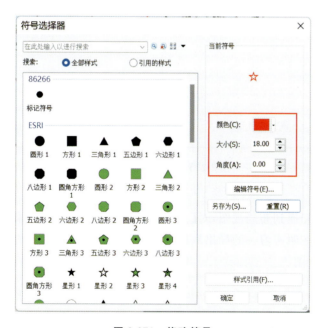

图 2-271　修改符号

4. 分析数据

右击"标准差椭圆"图层，在弹出的菜单栏中点击【打开属性表】，在【表】窗口中可查看标准差椭圆的相关系数，"CenterX"表示标准差椭圆的圆心的 x 坐标，"CenterY"表示标准差椭圆的圆心的 y 坐标，"XStdDist"和"YStdDist"分别为标准差椭圆的长轴和短轴的长度，"Rotation"为从长轴顺时针开始测量的旋转的角度，如图 2-272 所示。

同样，打开平均中心属性表，其中"XCoord"和"YCoord"分别为平均中心的经度坐标和纬度坐标，如图 2-273 所示。

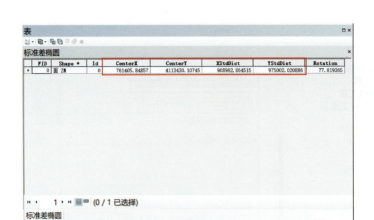

图 2-272　标准差椭圆属性表

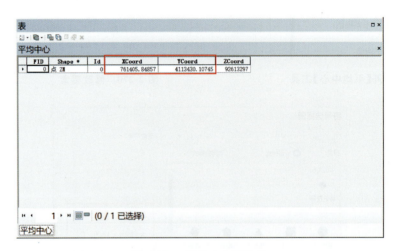

图 2-273　平均中心属性表

5. 导出地图

参照实习一，切换到布局视图，对【页面和打印设置】进行更改，添加合适的图例、比例尺、标题等。再按照实习一的导出地图的方法导出地图，注意格式和分辨率的选择，尽量导出清晰的地图。

（五）趣味练习

通过标准差椭圆分析能够了解要素的分布情况和密集程度，但想要进行更为详尽的分析或对变动情况进行分析，则需要进行椭圆面积的计算和点距离的计算。

1. 椭圆面积计算

点击 打开【ArcToolbox】工具集，点击【空间统计工具】→【工具】→【计算面积】，打开【计算面积】对话框，在【输入要素类】中选择"标准差椭圆"，在【输出要素类】中修改文件保存位置和文件名称，点击【环境设置】，将【输出坐标系】和【处理范围】修改为"与图层省（等积投影）相同"，点击【确定】，即可将计算结果输入到地图中，如图 2-274、图 2-275 所示。

图 2-274 打开【计算面积】工具

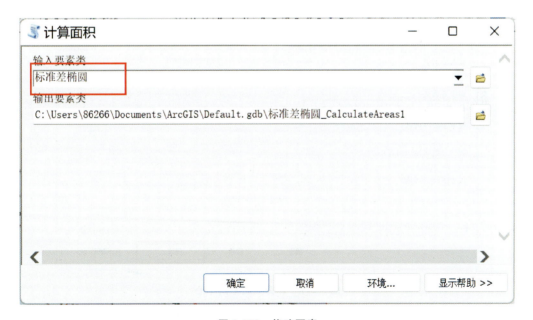

图 2-275 修改要素

右击分析结果,打开属性表,其中"Shape_Length"为椭圆的长度,"Shape_Area"为椭圆的面积,如图 2-276 所示。

2. 点距离计算

打开【ArcToolbox】工具集,点击【空间统计工具】→【度量地理分布】→【平均中

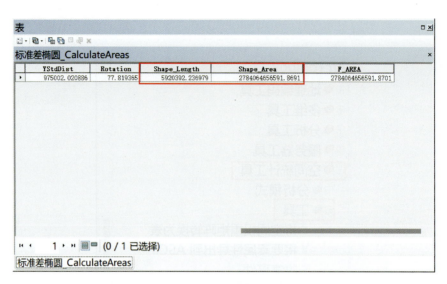

图 2-276　结果分析

心】,打开【平均中心】对话框,【输入要素类】选择"5A 级景区",在【输出要素类】中修改输出结果的保存位置和名称,点击【环境设置】,将【输出坐标系】和【处理范围】修改为"与图层省(等积投影)相同",点击【确定】,即可将景区平均中心图层输入到地图中,如图 2-277 所示。修改中心的颜色和形状以区分两个中心。

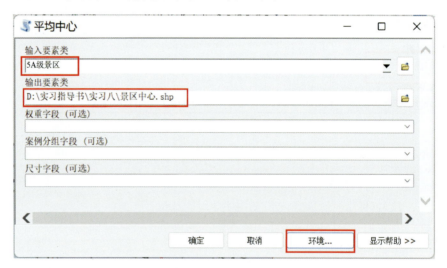

图 2-277　计算景区平均中心

　　打开【ArcToolbox】工具集,点击【分析工具】→【邻域分析】→【点距离】,打开【点距离】对话框,【输入要素】和【邻近要素】分别选择"平均中心"和"景区中心",修改输出表的保存位置和名称,点击【确定】即可将计算结果添加到图层中,如图 2-278、图 2-279 所示。右击分析结果,点击【打开】以打开属性表,其中"DISTANCE"为两点之间的准确距离,如图 2-280 所示。

图 2-278　打开【点距离】工具

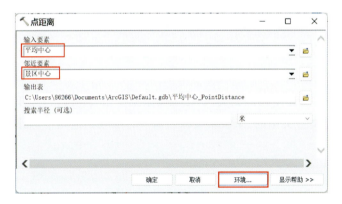

图 2-279　计算两点距离

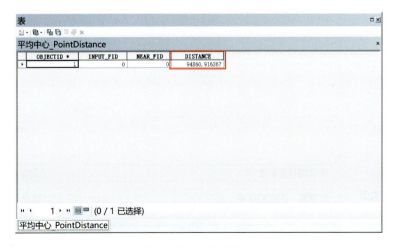

图 2-280　打开属性表

实习九　制作校园三维可视化地图

（一）实习目的

熟练掌握 ArcScene 三维场景中要素、表面的可视化表达方法，制作校园三维可视化地图。

（二）实习要求

利用所给影像数据，实现中国地质大学（武汉）未来城校区的三维可视化显示。学生也可根据兴趣，制作自己学校的三维可视化地图。

（三）实习成果

参照实习步骤制作出中国地质大学（武汉）未来城校区三维效果展示图。

（四）实习步骤

1. 添加数据

启动 ArcMap，新建空白地图文档，在工具条上单击 按钮，打开【添加数据】对话框，选择"实习九"文件夹中的"未来城校区影像.tif"加载到地图中，如图 2-281、图 2-282 所示。

图 2-281　添加数据（1）

第二部分　ArcGIS 上机实习

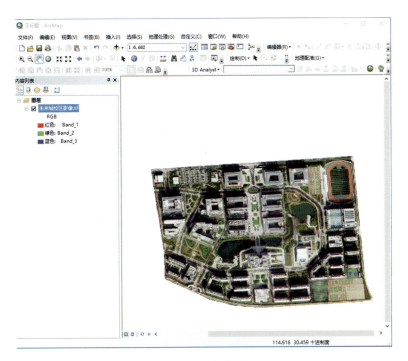

图 2-282　添加数据(2)

2. 创建要素

单击 按钮,打开【目录】窗口,在目录中找到想要存储的位置,右击该文件夹,选择【新建】,在下拉菜单中单击【文件地理数据库】,命名为"未来城校区 3D"。继续右击"未来城校区 3D"文件地理数据库,选择【新建】,在下拉菜单中单击【要素数据集】,命名为"未来城 3D",坐标系选择图层中的坐标系,如图 2-283、图 2-284 所示。

(a)　　　　　　　　　　　　(b)

图 2-283　创建数据集(1)

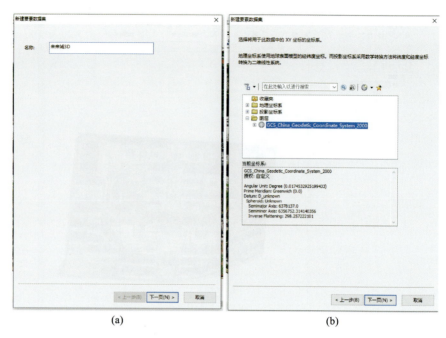

图 2-284　创建数据集(2)

右击"未来城 3D"要素数据集,选择【新建】,在下拉菜单中单击【要素类】,命名为"建筑",点击【下一页】→【下一页】,在【字段名】中为其添加一个表示高度属性的字段,命名为"楼层",【数据类型】选择"短整型",点击【完成】。然后按同样的操作分别创建"操场""道路""水体""校区范围"要素,需要注意的是,这些要素是没有高度的,所以添加高度属性字段的步骤可以省略。相关操作如图 2-285 所示。

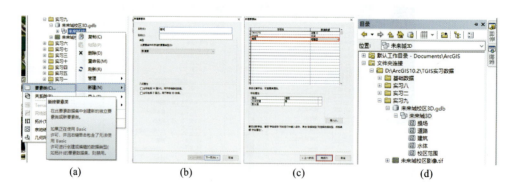

图 2-285　创建要素

3. 编辑要素

将创建完成后的"未来城 3D"要素数据集整体拖动到左侧的内容列表中。先对"校区范围"图层进行编辑,右击"校区范围"图层,在下拉菜单中选择【编辑要素】→【开始编辑】,在【创建要素】窗口中选择"校区范围",【构造工具】选择【面】,按影像形状勾勒出校区范围,双击后生成对应面要素。相关操作如图 2-286、图 2-287 所示。

图 2-286 创建校区范围(1)

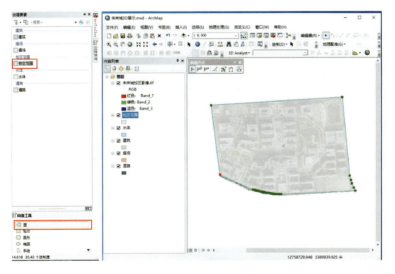

图 2-287 创建校区范围(2)

接下来对校区中的景观进行勾勒,在【创建要素】窗口中选择"建筑",【构造工具】选择【面】,按影像形状勾勒出各个建筑。这里需要注意两点:第一,对于具有公共边的建筑(包括其他景观),可以选择【构造工具】中的【自动完成面】,其可以自动捕捉公共边的端点,从而生成具有公共边的面要素;第二,在一个建筑物要素的个体创建完成后,必须对其楼层字段进行赋值,方法为选中该建筑并右击,选择【属性】,在【属性】窗口中的【楼层】字段填入相应数值（其他景观不需要这一操作）。在所有建筑勾勒完成后，对其他要素继续进行类似的操作。相关操作如图 2-288 至图 2-290 所示。

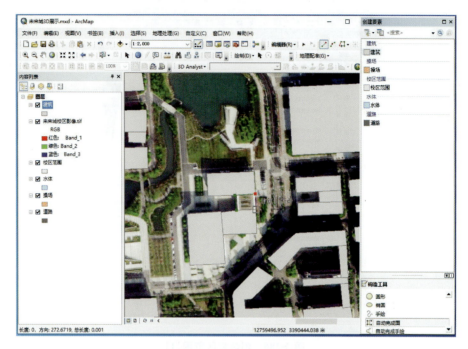

图 2-288　创建景观要素（1）

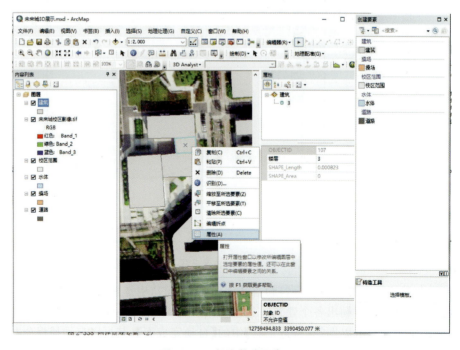

图 2-289　创建景观要素（2）

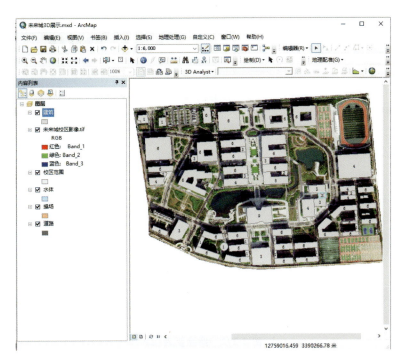

图 2-290 创建景观要素(3)

在所有要素都勾勒完成后我们来处理剩余的部分,单击 按钮,打开【ArcToolbox】工具集,在下拉菜单中依次点击【分析工具】→【叠加分析】→【擦除】,弹出【擦除】对话框,在【输入要素】选择"校区范围",在【擦除要素】选择任意一个之前创建的要素,点击【确定】,擦除之后的要素会自动添加到图层中。再次点击【擦除】,【输入要素】选择经过一次擦除的"校区范围_Erase1",【擦除要素】选择除上一步已使用的要素外的任意一个要素,点击【确定】,重复操作直到擦去所创建的所有要素,将最后一次擦除的要素输出为"绿化",并保存到"未来城 3D"要素数据集中。相关操作如图 2-291 至图 2-293 所示。

图 2-291 擦除要素(1)

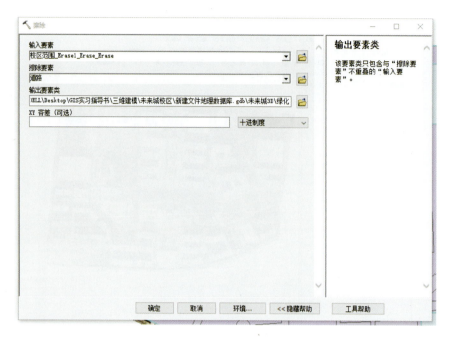

图 2-292　擦除要素(2)

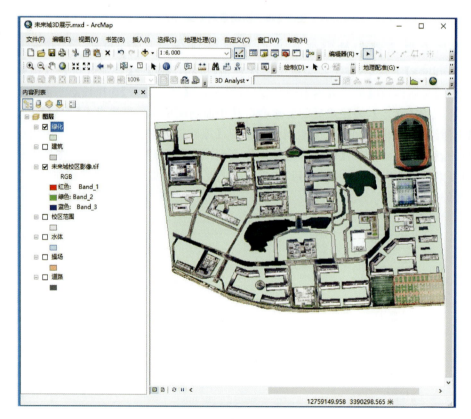

图 2-293　擦除要素(3)

4. 三维显示

ArcScene 是三维场景模拟模块,适合展示三维场景。ArcScene 的调用方法如下:在工具栏的任意空白处右击会弹出快捷菜单选项卡,在 3D Analyst 的前面打个勾,便会弹出一个新的工具条,点选调用 ArcScene。

待 ArcScene 打开后,选择【添加数据】,将"未来城 3D"要素数据集整个添加到场景中。相关操作如图 2-294 至图 2-296 所示。

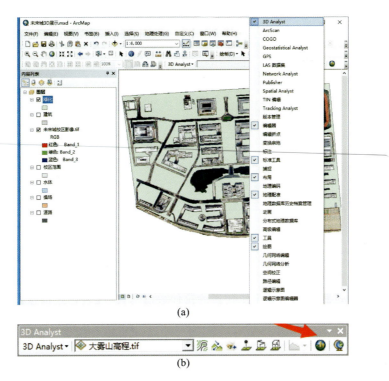

图 2-294　调用 ArcScene

图 2-295　添加数据(1)

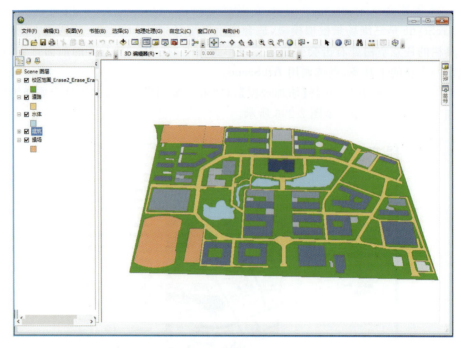

图 2-296　添加数据(2)

右击"建筑"图层,在下拉菜单中选择【属性】,在弹出的【图层属性】对话框中点击【拉伸】,勾选"拉伸图层中的要素。可将点拉伸成垂直线,将线拉伸成墙面,将面拉伸成块体",【拉伸方式】选择"将其用作要素的拉伸数值",打开【表达式构建器】对话框,输入表达式"[楼层]＊0.0001",点击【确定】。需要注意的是,由于数据框属性不同,"楼层"字段的单位存在差异,在输入表达式时注意"[楼层]"所乘的倍数要根据实际情况调整,直到将拉伸的高度调为合适为止。相关操作如图 2-297、图 2-298 所示。

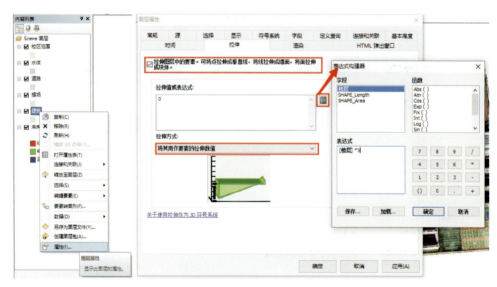

图 2-297　拉伸要素(1)

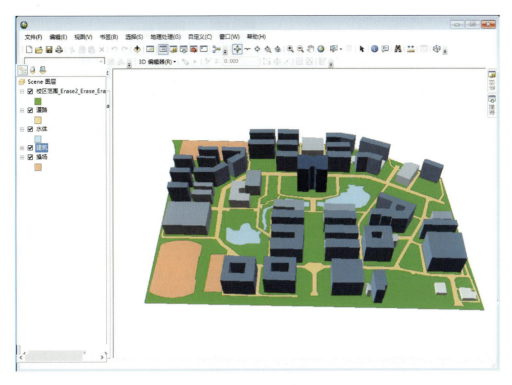

图 2-298　拉伸要素(2)

5. 场景美化及导出

右击"建筑"图层，在下拉菜单中选择【属性】→【渲染】，勾选"使用平滑阴影（如果可能）"，点击【确定】。点击【视图】→【场景属性】，在【场景属性】对话框中可以对背景色和照明度等进行设置，使得场景更加美观。相关操作如图 2-299 所示。

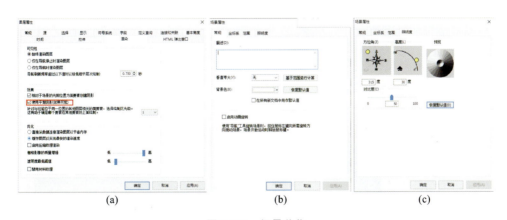

图 2-299　场景美化

调整完成后，选择一个合适的视角，在菜单栏中单击【文件】→【导出场景】→【2D】，选择一个文件夹，命名为"未来城 3D 显示"，点击【保存】，从而得到未来城校区三维显示效果图。相关操作如图 2-300 所示。

图 2-300　未来城校区三维显示效果图

6. 影像数据的获取

本次实习中的数据采用的是中国地质大学（武汉）未来城校区的卫星影像，感兴趣的同学可以自行下载自己所在学校的卫星影像进行三维可视化显示。下载方法如下：

（1）进入 91 卫图助手网址（http://www.91weitu.com/）下载软件。

（2）下载完成后打开软件，在【切换地图】→【腾讯地图—免费图层】→【腾讯地图—影像(有偏移)】中找到自己学校所在位置，数据选取范围和大小根据校区大小确定，要求略大于校区，下载方式可以选择【拉框选择】、【多边形选择】及【沿线选择】等。

（3）【影像级别】可以选择【第 18 级】，【坐标投影】可以采用"国家 2000 坐标系经纬度投影"（在【导出设置】中自行选择）。坐标系及坐标系转换是 ArcGIS 中比较难的一部分，因此保证所有图件的坐标系一致十分重要，可以避免许多在实际操作中可能遇到的障碍。相关操作如图 2-301、图 2-302 所示。

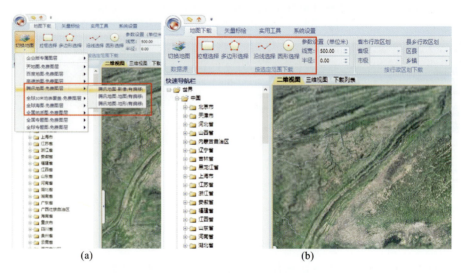

图 2-301　影像数据的获取(1)

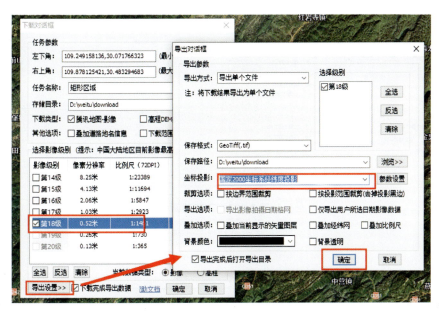

图 2-302　影像数据的获取(2)

（五）趣味练习

动画可以使场景栩栩如生，我们能够通过动画中视角、场景属性、地理位置，以及时间的变化来观察对象。而在要素的三维显示中我们可能会遇到低于地面的景观要素，对于这样的要素要采取负向拉伸的方法来构造。

1. 飞行动画

右击工具栏空白处，选择【动画】，打开【动画】工具条。点击【动画控制器】上的录制按钮 ● 开始录制，在场景中通过飞行工具 ↗ 进行飞行，选择该工具后，鼠标指针将变为一只小鸟的形状，单击场景，鼠标指针会再次变形。此时，可以通过鼠标的移动控制飞行方向和速度。再次单击鼠标，则可从当前视点沿鼠标所指方向向下方飞行，途中，单击左键加快飞行速度，单击右键减速飞行。操作结束后再次点击录制按钮 ● 停止录制。这个工具类似于录像机，将操作中的导航操作或飞行动作的过程录制下来形成动画。

录制完成后，可以点击播放按钮 ▶ 查看录制的动画，并在【动画】下拉菜单中选择【导出动画】，将其保存为 AVI(.avi)格式，如图 2-303 所示。

2. 凹地的三维显示

以实习九中的水体为例，该水体的表面高度实际上低于地面高度，在这里我们可以对其进行进一步处理以使其更符合实际情况。

先启动 ArcMap，打开创建未来城校区景观要素时保存的工程文件(.mxd)，单击 按钮，打开【ArcToolbox】工具集，在下拉菜单中依次点击【数据管理工具】→【要素】→【要素转线】，在【输入要素】选择"水体"，在【输出要素类】中选择想要保存的位置，命名为"湖边"，点击【确定】，如图 2-304 所示。

图 2-303　飞行动画

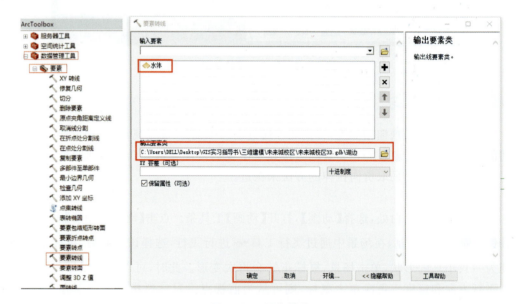

图 2-304　要素转线

然后在 ArcScene 未来城校区的三维显示场景中将"湖边"添加进来,右击"湖边",选择【属性】,在弹出的【图层属性】对话框中点击【基本高度】,选择【使用常量值或表达式】,设置高度为"－1"(仅作参考,视具体情况自行调整高度),再点击【拉伸】选项卡,勾选【拉伸图层中的要素。可将点拉伸成垂直线,将线拉伸成墙面,将面拉伸成块体】,在【拉伸方式】中选择"将其用作要素的拉伸数值",点击【确定】。然后将"水体"图层的高度也设为"－1"。相关操作如图 2-305、图 2-306 所示。

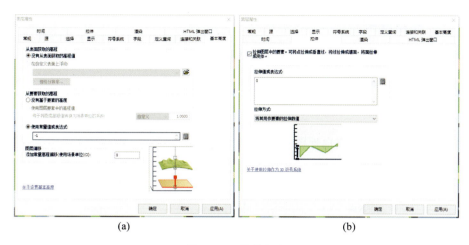

图 2-305 拉伸要素

图 2-306 水体的负向三维显示

实习十　建立三维地表模型

(一) 实习目的

(1) 了解三维场景中的表面概念及生成方法。
(2) 掌握三维场景中表面及矢量要素的立体显示原理与方法。
(3) 熟练掌握 ArcGIS 软件中表面生成、表面及矢量要素在场景中的三维显示及其叠加显示。

(二) 实习要求

(1) 利用所给等高线数据建立大雾山栅格表面。
(2) 在 ArcScene 三维场景中,实现表面与卫星影像叠加三维显示。

教学视频

实习十

（三）实习成果

参照实习步骤制作出大雾山三维景观图。

（四）实习步骤

1. 添加数据

启动 ArcMap，新建空白地图文档，在工具条上单击按钮 ，打开【添加数据】对话框，选择"实习十"文件夹中的"大雾山等高线.shp"和"大雾山影像.tif"加载到地图中，如图 2-307、图 2-308 所示。

图 2-307　添加图层（1）

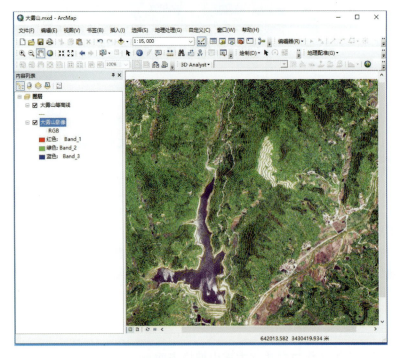

图 2-308　添加图层（2）

2. 生成 TIN 三角网模型

单击 按钮,打开【ArcToolbox】工具集,在下拉菜单中依次点击【3D Analyst 工具】→【数据管理】→【TIN】→【创建 TIN】,弹出【创建 TIN】对话框,【输出 TIN】选择保存位置并命名为"大雾山三角高程模型",【坐标系】选择与图层相同的坐标系,【输入要素类】选择上一步添加的"大雾山等高线",点击【确定】,生成的 TIN 文件会自动加载到内容列表中。至此,已经完成了地表地形的模拟。相关操作如图 2-309、图 2-310 所示。

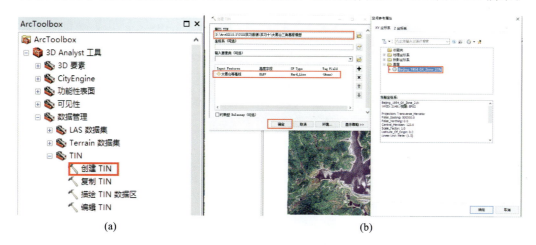

图 2-309 创建 TIN

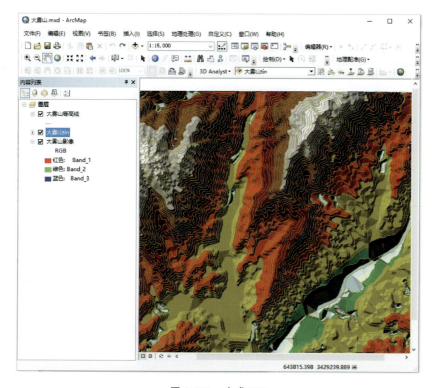

图 2-310 生成 TIN

因为 ArcMap 界面不支持对三维对象的显示,所以接下来要使用到 ArcGIS 的另一个程序 ArcScene。注意要保存两种 TIN:一种是有等值线的;另一种是没有等值线的。没有等值线的 TIN 设置方法如下:右击"大雾山 tin"图层,点击【属性】,在弹出的【图层属性】对话框中点击【符号系统】选项卡,把【边类型】前面的勾给取消掉,点击【确定】,就可以得到没有等值线的 TIN。相关操作如图 2-311 至图 2-313 所示。

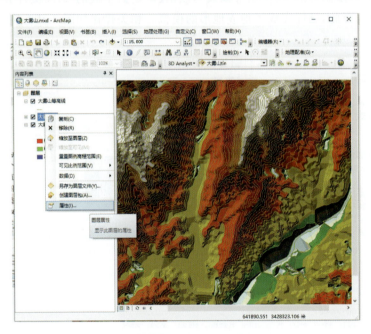

图 2-311　设置 TIN(1)

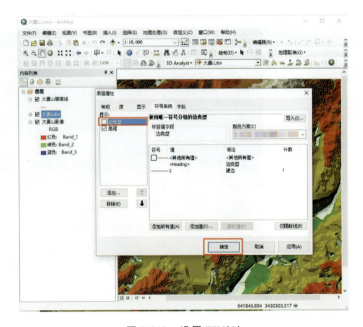

图 2-312　设置 TIN(2)

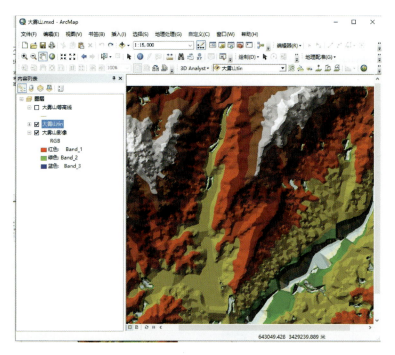

图 2-313 设置 TIN(3)

保存 TIN 的方法是，右击内容列表中的"大雾山 tin"图层，选择【另存为图层文件】，保存到自己想保存的文件夹里面，注意要把有等值线的图层和无等值线的图层都保存一次，如图 2-314 所示。

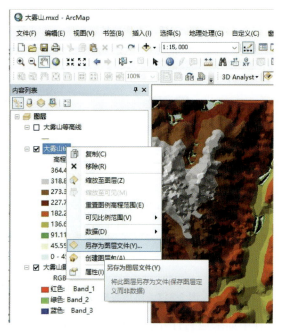

图 2-314 保存 TIN

3. 在 ArcScene 中打开 TIN 模型

右击工具栏的任意空白处，会弹出快捷菜单选项卡，在 3D Analyst 的前面打个勾，便会弹出一个新的工具条，点击以调用 ArcScene，如图 2-315 所示。

图 2-315　调用 ArcScene

待 ArcScene 打开后，选择【添加数据】，打开前面创建的"大雾山三角高程模型"与"大雾山 tin"图层，如图 2-316、图 2-317 所示。

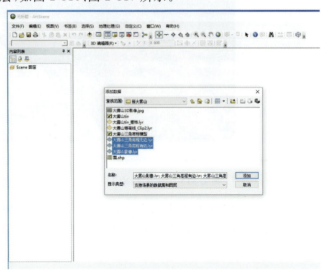

图 2-316　添加数据（1）

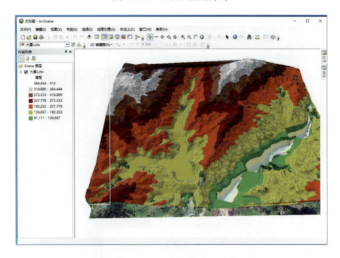

图 2-317　添加数据（2）

在打开 TIN 的过程中如果遇到打开后没有内容或者是只有一条线的情况，可以通过改变【图层属性】→【源】→【Z 单位转换因子】的值进行调整（正确导出的数据一般没有这个问题）。

4."反向投影",赋予地表影像图高程

地表影像图其实就是一张照片,它是通过将三维的地物投影到二维的 CCD 传感器,从而实现三维信息的平面化。现在就要反其道而行,将二维的影像数据"反向投影",恢复其三维状态。需要强调的是,这里一定要保证地表影像图与 TIN 三角网模型是严密对齐的,所以在一开始获取并导出数据的时候就要保证影像坐标系与等高线数据坐标系是一致的(包括地理坐标系与投影坐标系)。

右击内容列表中的"大雾山影像.tif",选择【属性】,在弹出的【图层属性】对话框中点击【基本高度】,选择【在自定义表面上浮动】,点击【确定】。相关操作如图 2-318 至图 2-320 所示。

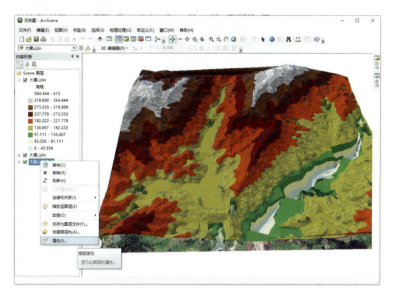

图 2-318　地表影像与高程叠加显示(1)

图 2-319　地表影像与高程叠加显示(2)

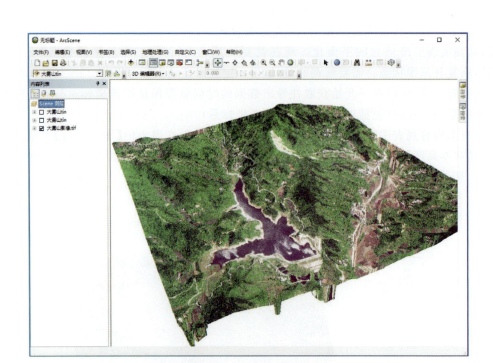

图 2-320　地表影像与高程叠加显示(3)

按住导航图标可以改变三维影像的状态,如图 2-321 所示。

图 2-321　导航功能

5. 为三维地表模型创建"底"

通过上面的操作获得的是一张三维的曲面,为其制作一个"底"将更有利于地形漫游与分析。基本方法是通过拉伸线面对象,创造一个立体对象作为高程模型的"底"。

先返回 ArcMap,单击 按钮,打开【ArcToolbox】工具集,在下拉菜单中依次点击【3D Analyst 工具】→【转换】→【由 TIN 转出】→【TIN 转栅格】,在弹出的【TIN 转栅格】对话框中,【输入 TIN】选择"大雾山三角高程模型",点击【确定】,生成的栅格数据会自动加载到内容列表中。相关操作如图 2-322 至图 2-324 所示。

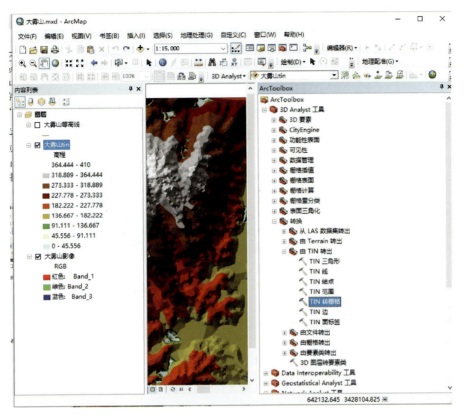

图 2-322　TIN 转栅格(1)

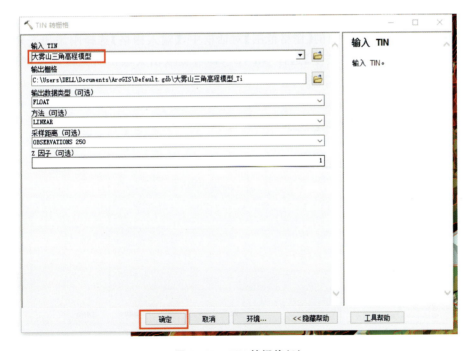

图 2-323　TIN 转栅格(2)

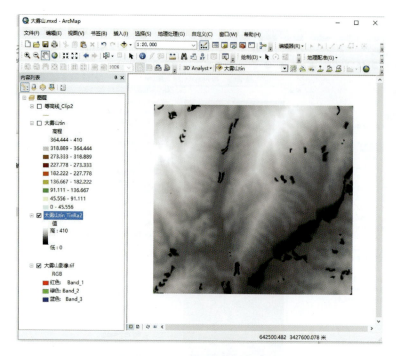

图 2-324 TIN 转栅格(3)

右击内容列表中刚刚生成的栅格数据文件,选择【另存为图层文件】,保存到自己想保存的文件夹里面。

然后将刚刚保存的栅格数据文件添加到 ArcScene 中。单击 按钮,打开【ArcToolbox】工具集,在下拉菜单中依次点击【3D Analyst 工具】→【转换】→【由栅格转出】→【栅格范围】,在弹出的【栅格范围】对话框中,【输入栅格】选择刚添加进来的栅格数据文件,【输出要素类类型】选择"LINE",即可提取出大雾山研究区的范围边界。相关操作如图 2-325、图 2-326 所示。

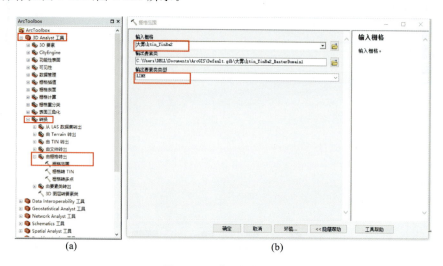

(a)   (b)

图 2-325 范围提取(1)

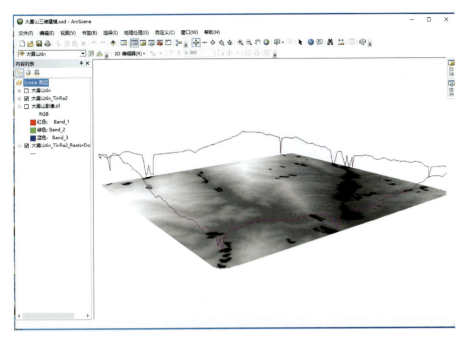

图 2-326　范围提取(2)

接着,右击刚刚生成的范围边界栅格数据,选择【属性】,在弹出的【图层属性】对话框中点击【拉伸】,在【拉伸方式】中选择"将其用作要素的拉伸数值",拉伸完成后就形成了底周。在三维地表模型的"底"创建完成后,恢复显示"大雾山影像"图层。相关操作如图 2-327、图 2-328 所示。

图 2-327　线要素拉伸(1)

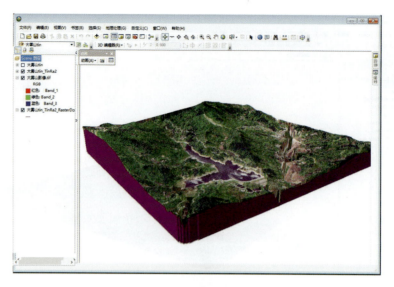

图 2-328　线要素拉伸(2)

6. 场景美化及导出

右击"大雾山影像"图层,选择【属性】,在弹出的【图层属性】对话框中点击【渲染】,【效果】勾选"相对于场景的光照位置为面要素创建阴影",如图 2-329 所示。

选择一个合适的视角,在菜单栏中单击【文件】→【导出场景】→【2D】,选择一个文件夹,命名为"大雾山三维建模",点击【保存】,得到大雾山三维建模效果图,如图 2-330 所示。

图 2-329　图层美化

图 2-330　大雾山三维建模效果图

(五) 趣味练习

垂直夸大用于强调表面的细微变化。进行表面的三维显示时,如果表面的水平范围远大于其垂直变化,则表面的三维显示效果可能不大明显,此时,可以进行垂直夸大以利于观察分析。通过对场景进行旋转观察,可以获得表面总体概况。

1. 垂直夸大

点击工具栏中的【视图】选项,打开【场景属性】对话框,单击【常规】选项卡,在【垂直夸大】中设置相应系数,或者点击【基于范围进行计算】按钮,系统将根据场景范围与高程变化范围自动计算垂直拉伸系数,如图 2-331 所示。

图 2-331　垂直夸大

2. 动画旋转

ArcScene 可以使场景围绕中心旋转,旋转速度与查看角度可以人为调整,并可在旋转的同时进行缩放。

想要使用动画旋转功能,需要先激活该功能。打开【场景属性】对话框,在【常规】选项卡中勾选【启用动画旋转】选项,即可激活动画旋转功能,如图 2-332 所示。

图 2-332　启用动画旋转

激活之后,使用【场景漫游】工具左右拖动场景,即可开始旋转,旋转的速度取决于鼠标释放前的速度,在旋转的过程中可以通过键盘的 Page Up 键和 Page Down 键进行增速、减速调节。点击场景即可停止转动。

教学支持说明

普通高等学校"十四五"规划旅游管理类精品教材系华中科技大学出版社"十四五"规划重点教材。

为了改善教学效果,提高教材的使用效率,满足高校授课教师的教学需求,本套教材备有与纸质教材配套的教学课件和拓展资源。

为保证本教学课件及相关教学资料仅为教材使用者所得,我们将向使用本套教材的高校授课教师免费赠送教学课件或者相关教学资料,烦请授课教师通过电话、邮件或加入旅游专家俱乐部QQ群等方式与我们联系,获取"电子资源申请表"文档并认真准确填写后发给我们,我们的联系方式如下:

地址:湖北省武汉市东湖新技术开发区华工科技园华工园六路

邮编:430223

电话:027-81321911

E-mail:lyzjjlb@163.com

旅游专家俱乐部QQ群号:758712998

旅游专家俱乐部QQ群二维码:

电子资源申请表

填表时间：_____年___月___日

1. 以下内容请教师按实际情况写，★为必填项。
2. 相关内容可以酌情调整提交。

★姓名		★性别	□男 □女	出生年月		★职务	
						★职称	□教授 □副教授 □讲师 □助教

★学校		★院/系	
★教研室		★专业	
★办公电话		家庭电话		★移动电话	
★E-mail（请填写清晰）				★QQ号/微信号	
★联系地址		★邮编	

★现在主授课程情况	学生人数	教材所属出版社	教材满意度
课程一			□满意 □一般 □不满意
课程二			□满意 □一般 □不满意
课程三			□满意 □一般 □不满意
其　他			□满意 □一般 □不满意

教材出版信息

方向一		□准备写 □写作中 □已成稿 □已出版待修订 □有讲义
方向二		□准备写 □写作中 □已成稿 □已出版待修订 □有讲义
方向三		□准备写 □写作中 □已成稿 □已出版待修订 □有讲义

　　请教师认真填写表格下列内容，提供索取课件配套教材的相关信息，我社根据每位教师填表信息的完整性、授课情况与索取课件的相关性，以及教材使用的情况赠送教材的配套课件及相关教学资源。

ISBN（书号）	书名	作者	索取课件简要说明	学生人数（如选作教材）
			□教学 □参考	
			□教学 □参考	

★您对与课件配套的纸质教材的意见和建议，希望提供哪些配套教学资源：